Max Bolliger
Was soll nur aus dir werden?

Was soll nur aus dir werden?

Sechs Lebensbilder gestaltet von Max Bolliger

Verlag Huber Frauenfeld/Stuttgart

Schutzumschlag von Heiner Jenny
Gestaltung von Bruno Furrer

Satz: Elgra AG, Bern und Zürich
Druck: Huber & Co.AG Frauenfeld
Einband: Burkhardt AG Zürich
ISBN 3-7193-0558-9

Inhalt

Vorwort

«Was soll nur aus dir werden?» klagte die Mutter eines vierzehnjährigen Jungen aus Odense in Dänemark, der weder Lust zu einer Lehre als Schneider noch als Schreiber zeigte. Er wollte in die Stadt – nach Kopenhagen – ziehen, Schauspieler oder Tänzer werden. Die Mutter ließ ihn gewähren. Mit einem kleinen Bündel auf dem Rücken und dreizehn Reichstalern in der Tasche brach er auf. Es wurde aber weder ein Schauspieler noch ein Tänzer aus ihm, sondern der berühmte Märchendichter Hans Christian Andersen.

Mit den in diesem Buch vereinigten Lebensbildern möchte ich Menschen vorstellen, die durch besondere Leistungen hervorgetreten sind. Bei der Gestaltung interessierte mich vor allem ihre Jugend. Waren sie von andern Kindern verschieden? Liegen Erfolg und Mißerfolg an der Erziehung oder gibt es neben der Umwelt, in der wir aufwachsen, etwas in uns selbst, das sich unter allen Umständen erfüllen, durchsetzen will?

Ich glaube, es liegt weniger daran, wie und wo wir erzogen wurden, als an dem, wie wir unsere Anlagen und Fähigkeiten entwickeln. Doch der Grundstein für das ganze Leben ist unsere Kindheit.

Die hier beschriebenen Menschen haben ihre Kindheit besonders intensiv erlebt. Sie stellen sich hier vor allem mit eigenen Worten und mit Zeugnissen ihrer Zeitgenossen vor. Sie sind nicht mehr unter uns. Ihr Leben ist von der Wiege bis zur Bahre überblickbar. Trotzdem bleibt im Grunde jedes Leben ein großes Geheimnis. Die Achtung vor diesem Geheimnis war für mich der Anlaß zu dieser Arbeit.

Der Schusterjunge

Hans Christian Andersen, 1805–1875

«Das häßliche Entlein» heißt eines der schönsten Märchen Hans Christian Andersens.
Dort lesen wir: «Es schadet nichts, in einem Entenhof geboren zu sein, wenn man in einem Schwanenei gelegen hat.»
«Das häßliche Entlein» ist Andersens eigene Lebensgeschichte, die Geschichte eines armen Schusterjungen, der ein berühmter Dichter wurde.
Hans Christian Andersen ist am 2. April 1805 in Odense geboren. Odense ist die Hauptstadt von Fünen, der zweitgrößten unter den vierhundertdreiundachtzig Inseln Dänemarks.
Andersen hat Theaterstücke, Romane und Gedichte geschrieben. Wer kennt noch das Lied «Es geht bei gedämpftem Trommelklang»? Vieles, was Andersen geschrieben hat, ist vergessen. Unvergessen aber sind seine Märchen. Die ersten erschienen 1835 in einem bescheidenen Heft. Am Ende seines Lebens waren es mehr als hundertfünfzig.
Die Prinzessin auf der Erbse.
Das Mädchen mit den Schwefelhölzchen.
Der kleine Klaus und der große Klaus.
Der standhafte Zinnsoldat.
Des Kaisers neue Kleider.
Diese und viele andere sind in alle Kultursprachen übersetzt. Sie haben den Dichter auf der ganzen Welt berühmt gemacht. Sie haben ihm die Freundschaft von Königen, Prinzen und Prinzessinnen eingetragen, die Liebe von Tausenden von Kindern. Hans Christian Andersen blieb sein Leben lang Junggeselle. Er interessierte sich für alles Neue: Dampfschiffe,

Hans Christian Andersen liest auf Frijsenborg jungen Mädchen vor. «Vorlesen war für mich eine Glückseligkeit», schrieb er später; «und niemals kam es mir in den Sinn, daß es nicht für alle eine große Freude sein mußte, zuzuhören».

Gaslaternen, Daguerreotypien. Er war einer der ersten Dänen, die mit der Eisenbahn fuhren. Er liebte es zu reisen.
Er besuchte Frankreich, Italien, Griechenland, die Türkei und England. Deutschland wurde ihm zur zweiten Heimat.
In der Schweiz, in Le Locle im Jura, wohnte er von Mitte August bis Mitte September 1833 und schrieb den Roman «Agnete» zu Ende.
Andersen hatte mit dreiundzwanzig Jahren das Abitur gemacht. Nachher studierte er noch anderthalb Jahre auf der Universität. Aber nachdem er das erste Examen bestanden hatte, spürte er mehr und mehr, daß er weder zum Pfarrer noch zum Lehrer noch zu einem königlichen

Beamten geschaffen war. Er entschloß sich, seinen «natürlichen Anlagen nachzugehen», ein Dichter zu werden. Sein väterlicher Freund Jonas Collin bestätigte ihn in seinem Entschluß. «Schlagen Sie nur in Gottes Namen den Weg ein, für den Sie sicherlich geschaffen sind, es ist bestimmt das Beste.»

Hans Christian Andersen starb am 4. August 1875. Einige Tage vor seinem Tode brachte ihm Frau Melchior, in deren Haus er zuletzt wohnte und die ihn pflegte, eine weiße Rose. Er küßte die Blüte und flüsterte: «Wenn ich nicht so erschöpft wäre, würde es mir ganz gut gehen.»

Hatte er nicht einmal, vor vielen Jahren, geschrieben: «Nur eben zu leben ist nicht genug, man muß Sonnenschein und Freiheit zum Leben haben und eine kleine Blume, die man liebt.»

Am Begräbnistag Hans Christian Andersens läuteten in Kopenhagen zu seiner Ehre alle Kirchenglocken.

«Trottel! Trottel!» schrien die Jungen hinter dem Alten her. Doch der Mann kümmerte sich nicht um ihr Geschrei. Er lebte in einer andern Welt. Der Korb an seinem Arm war mit merkwürdigen Tierfiguren gefüllt, die er selbst geschnitzt hatte. Er würde sie bei den Bauersfrauen gegen eine Suppe und Brot oder gar ein Stück Schinken eintauschen. Auf dem Kopf trug er einen Dreispitz aus Papier. Über die Schultern hingen ihm lange Efeuzweige. Er sang.

«Er ist verrückt», lachten die Jungen. Nur einer von ihnen schwieg. Sein Gesicht war rot geworden, und plötzlich war er verschwunden. Es war Hans Christian Andersen.

Der alte Mann war sein Großvater.

Als Hans Christian die Tür zur Werkstatt aufstieß, liefen ihm die Tränen über die Wangen.

«Was ist?» fragte der Vater.

Er bekam keine Antwort.

Im Städtchen Odense auf der Insel Fünen hat Hans Christian Andersen seine Kindheit verbracht. In dieser Stadt gab es neben vornehmen Vierteln auch unansehnliche Mietshäuser, ja Hütten, die von den Armen bewohnt wurden. Einer dieser Armen war der Schuhmacher Hans Andersen, der Vater des Dichters.

Um den Kirchplatz von Odense wohnten wohlhabende Kaufleute, Militärs und Beamte. Die Familie Andersen gehörte nicht dazu. Sie bewohnte ein Häuschen in der Nähe des Zuchthauses, mit dessen Pförtner der Flickschuster Andersen befreundet war.

«Komm, setz dich zu mir!»
Hans Christian setzte sich auf einen Schemel zwischen den Haufen ungeflickter Schuhe. Durch die Fenster mit den weißen Vorhängen drang das Licht der Abendsonne. Die Werkstatt war zugleich Wohn- und Schlafstube. An der Wand der kleinen Küche im Hintergrund glänzten ein paar Zinnteller und Kupferpfannen. Die Mutter hantierte am Herd.

Er hatte sich als Soldat anwerben lassen. An der Wand seiner Werkstatt hing schon seit Jahren das Bild Napoleons, der mit seinen Streitkräften durch Europa zog. Dänemark hatte sich mit Frankreich gegen die Preußen verbündet.
Immer wieder hatte der Vater Hans Christian von Napoleon erzählt, dem armen Jungen aus Korsika, der sich selbst zum Kaiser gekrönt hatte.

Das Elternhaus an der Munkemoelle-Straße. In einer winzigen Stube dieses Häuschens, die zugleich Werkstatt des Vaters war, verbrachte Hans Christian Andersen seine Kindheit.

Der Vater hatte die Arbeit weggelegt.
Aus dem Gestell holte er das dicke Märchenbuch Tausendundeine Nacht.
Mit leuchtenden Augen hörte Hans Christian zu.
Die Geschichte des tapferen Prinzen und der schönen Prinzessin, die der Vater erzählte, war so wunderbar, daß er darüber Kummer und Armut vergaß.

«Du wirst sehen, ich komme als Leutnant zurück!» sagte der Vater, als er Hans Christian zum Abschied küßte.

Der Vater schwärmte für Napoleon. Er war bereit, für ihn zu sterben.
Die Mutter weinte.
«Das nimmt kein gutes Ende», sagte die Großmutter, die mit ihrem geisteskranken Mann in der Nähe lebte und täglich zu Besuch kam. Auch sie war arm, aber was sie entbehren konnte, brachte sie mit, Obst, Gemüse, ein paar Blumen, eine Süßigkeit für den Enkel. Sie liebte ihn über alles.
Nachdem der Vater in den Krieg gezogen war, spielte Hans Christian noch mehr als

Hans Christian Andersen mit seiner Mutter Anne-Marie. Frau Andersen war eine kräftige und ehrgeizige Frau. Sie konnte zwar lesen, hat aber nie schreiben gelernt. Als der spätere König Christian VIII sie im Armenhaus von Odense besuchte, sagte er zu ihr: «Sie haben viel Ehre von Ihrem Sohn».

früher zu Hause. Er fürchtete die andern Kinder, die ihn auslachten.
Das schönste, was Hans Christian besaß, war ein Puppentheater. Der Vater hatte es für ihn gebastelt. Die Stücke, die Hans Christian mit seinen Puppen aufführte, erfand er meistens selbst. Auch die Kleider, die sie dabei trugen, hatte er mit eigener Hand geschnitten und genäht.
Das Regiment, mit dem der Vater weggezogen war, kam nicht weit. Napoleon hatte den Krieg verloren, und die freiwilligen dänischen Soldaten wurden wieder nach Hause geschickt.
Enttäuscht und noch stiller als früher saß der Vater wieder in seiner Werkstatt. Als einfacher Soldat war er ausgezogen, als einfacher Soldat war er wieder zurückgekehrt, ohne Ruhm, ohne Ehre. Die ungewohnten Märsche und Anstrengungen hatten ihn krank gemacht.
Nachts hörte Hans Christian ihn manchmal husten und in Fieberträumen reden.
«Die Eisjungfrau wird mich wohl bald holen», scherzte er, als der Frost die Fensterscheiben mit wunderbaren Figuren überzogen hatte.
Bald darauf starb er.
Hans Christian war elf Jahre alt.

«Was soll nur aus dir werden?» klagte die Mutter.
In seinem Konfirmationsanzug, den die Schneiderin aus dem Überrock des verstorbenen Vaters genäht hatte, stand Hans Christian vor ihr, mager, hochaufgeschossen, mit blauen Augen und flachsblondem Haar.
«Könnten wir ihn bloß in einer Schreibstube unterbringen», sagte die Großmutter.
«Eine Schneiderlehre wäre das Richtige», meinte die Mutter.
Doch Hans Christian wollte weder das eine noch das andere. Im Sommer war das Königliche Theater aus Kopenhagen in Odense zu Gast gewesen. Hans Christian hatte aus den Kulissen nicht nur alle Vorstellungen gesehen, sondern war sogar als Hirte aufgetreten. Singen, Tanzen, Schauspielern erfüllten seine Gedanken. War er nicht fürs Theater geboren?
Hatte nicht einer der Schauspieler seine Stimme gerühmt? Hatte nicht eine alte Frau, die mit seiner Mutter befreundet war, ihm aus Karten und Kaffeesatz eine große Zukunft vorausgesagt? Hans Christian glaubte daran.
«Laßt mich nach Kopenhagen fahren, ich will berühmt werden», bat er.
«Gleichgültig, was der Junge werden will, und sei es das Unvernünftigste von der Welt, laß ihn seinen eigenen Weg gehen», hatte der Vater kurz vor seinem Tod gesagt.
Die Mutter gab nach.
«Er wird wohl bald wieder zurückkommen», sagte sie zu den Nachbarn, die sich entrüsteten. Wie konnte eine Mutter ihren einzigen vierzehnjährigen Jungen allein in die Stadt ziehen lassen!
Mit einem kleinen Bündel auf dem Rükken und dreizehn Reichstalern in der Tasche brach er auf.
Der Postkutscher ließ ihn als blinden Passagier bis nach Nyborg mitfahren. Dort mußte er sehen, wie er mit dem Schiff allein weiter kam.

Die Schulklasse des Rektors Simon Meisling an der Lateinschule in Slagelse. Auf Empfehlung des Theaterdirektors Jonas Collin, durfte Hans Christian Andersen an dieser Schule studieren. Hier musste der Siebzehnjährige mit ganz kleinen Jungen auf der Schulbank sitzen. Er kam sich vor «wie ein wilder Vogel, der in einen Käfig gesteckt worden war».

Die Mutter winkte der davonfahrenden Kutsche nach.
Auch die Großmutter stand da. Ihr weißes Haar leuchtete in der Nachmittagssonne.
Sie weinte.
Hans Christian sah sie zum letztenmal.

Rektor Simon Meisling bezeichnete die ersten poetischen Versuche Hans Christian Andersens als «Empfindelei und Gewäsch». Er hat ihm das Dichten verboten. Als Andersen sich 1827 endlich von seinem Quälgeist verabschieden konnte, soll dieser zu ihm gesagt haben: «Fahren Sie zur Hölle».

Hans Christian war sicher, daß man ihn im Theater in Kopenhagen mit offenen Armen empfangen würde. In der Tasche trug er ein Empfehlungsschreiben des Druckers Iversen aus Odense an die berühmte Solotänzerin Madame Schall.
«Ich möchte zum Theater», sagte Hans Christian zu ihr. Es war der Tag nach seiner Ankunft in der Hauptstadt.
«Darf ich Ihnen vortanzen?»
Die Ballerina sah den Jungen verwundert an. Was wollte er in seinem Konfirmandenanzug, den Stiefeln an den großen Füßen und einem Zylinder, der viel zu weit war und ihm beinahe über die Augen fiel!
«Zum Theater willst du? So einfach ist das nicht», sagte sie.
«Ich kann nicht nur tanzen, ich kann auch singen!»
Und ohne sich weiter zu besinnen, zog

Hans Christian seine Stiefel aus, benutzte seinen Hut als Tamburin und begann:
«Was will Reichtum wohl besagen,
was ist Glanz und Herrlichkeit?»
Das war ein Lied aus einem Stück, das er in Odense gesehen hatte. Er wußte alle Partien auswendig.
Hans Christian hörte nicht, wie die Tänzerin ihrem Dienstmädchen zuflüsterte:
«Der Junge muß nicht richtig im Kopf sein.»
«Genug!» rief sie, «ich habe keine Zeit, mir deine Darbietungen anzusehen.»
Mit Tränen in den Augen verließ Hans Christian die Wohnung. Doch er gab die Hoffnung nicht auf.
Graf Holstein, der Direktor des Königlichen Theaters, würde seine Begabung als Schauspieler bestimmt erkennen und ihm eine Anstellung geben.
«Für einen Schauspieler zu linkisch und zu mager», sagte der Direktor barsch, als er Hans Christian betrachtete.
«Wenn Sie mich mit hundert Reichstalern Gage anstellen, werde ich schon fett werden», meinte Hans Christian treuherzig.
«Was hast du denn überhaupt gelernt?» fragte der Graf.
Hans Christian schwieg.
Ja, was hatte er eigentlich gelernt?
Er hatte einige Jahre eine Armenschule besucht.
Er konnte Lieder singen, Verse dichten, Puppenkleider nähen, aber keinen Brief ohne Fehler schreiben. Latein kannte er nur vom Hörensagen.
«Was dir fehlt, ist Bildung», sagte der Direktor des Theaters und versuchte, wie Madame Schall, ihn möglichst schnell loszuwerden.
Hans Christian war verzweifelt.
Einsam irrte er durch die Straßen der Stadt, in der er doch eben voller Hoffnung angekommen war.
Als er die Rechnung für sein Zimmer im «Gardistenhof» bezahlt hatte, blieb ihm nur noch ein Taler übrig.
Sollte er nach Hause zurückkehren und Schneider werden?
Nein, eher würde er seinem Leben ein Ende machen.

Frau Hermansen, die Hans Christian auf der Reise von Odense nach Kopenhagen kennengelernt hatte, versuchte ihm zu helfen.
Sie fand einen Schreiner, der bereit war, den Jungen in die Lehre zu nehmen.

Das Theater in Odense. Schon zu seiner Schulzeit liebte es Hans Christian Andersen zu erzählen und zu singen. Er durfte in einem Shakespeare-Stück als Statist mitwirken, pflegte das Puppenspiel und hatte nur den einen Wunsch, Schauspieler zu werden.

Aber schon nach dem ersten Tag wußte Hans Christian, daß er die lange Lehrzeit niemals ertragen würde. Die Gesellen hatten ihren Spott mit ihm getrieben und ihn mit zweideutigen Bemerkungen so in Verlegenheit gebracht, daß er am liebsten sofort davongelaufen wäre.
Immer wieder zog es Hans Christian vor das Theater.
Er dachte an die vielen Geschichten von Künstlern, die Not gelitten hatten wie er und doch weltberühmt geworden waren.
Ein Schauspieler hatte seine Stimme gelobt. Wenn er sich schon nicht zum Tänzer oder Schauspieler eignete, so könnte er es doch als Sänger probieren.
Siboni, ein Italiener, war vom dänischen Prinzen zum Direktor der Königlichen Singakademie gewählt worden.

Um vier Uhr nachmittags klingelte Hans Christian an seiner Tür.
«Kann ich Herrn Siboni sprechen?» fragte er das Mädchen, das ihm öffnete.
Er trug wieder seinen Konfirmationsanzug, die Stiefel und den Zylinder.
«Sind Sie angemeldet?» Hans Christian schüttelte den Kopf.
«Dann kommen Sie morgen wieder, Herr Siboni hat Gäste.»
Schon wollte sie die Tür wieder schließen.
«Nein, bitte nicht!» rief Hans Christian verzweifelt.
Erregt und mit Tränen in den Augen erzählte er dem Mädchen sein ganzes Leben.
«Warten Sie einen Augenblick!» sagte die Frau gerührt, als Hans Christian zu Ende gesprochen hatte.

Das bekannte Bild zeigt Hans Christian Andersen auf der Abreise von Odense nach Kopenhagen. Zuerst wollte er als «Blinder Passagier» mitfahren. Dann ließ ihn der Postkutscher für ganze drei Reichsthaler mitfahren.

Der «Neumarkt» und das Rats- und Gerichtsgebäude in Kopenhagen. Kopenhagen war für Hans Christian Andersen «die Größte Stadt der Welt». Als ihn seine Mutter fragte: «Was soll dort aus dir werden?», soll er geantwortet haben: «Ich will dort berühmt werden.» Aber der junge Andersen erlebte nur Enttäuschung und Einsamkeit.

«Wir wollen uns den seltsamen Vogel wenigstens ansehen!» lachte der Hausherr, als er sich die Geschichte angehört hatte.
Hans Christian wurde in ein großes Zimmer geführt.
Er durfte zwei Lieder vorsingen und ein paar Gedichte aufsagen. Hans Christian spürte auf einmal, daß die Menschen, die hier zusammensaßen, anders waren als alle, mit denen er bis jetzt in Berührung gekommen war.
Niemand lachte über ihn.
Als er geendet hatte, klatschten sie Beifall.
«Ich prophezeie», sagte einer der Gäste, «aus diesem Jungen wird etwas!»
Siboni versprach, seine Stimme kostenlos auszubilden.
Hans Christian weinte vor Freude.
Ein Professor sammelte siebzig Taler für Christian. Jeden Monat sollte er sich zehn davon abholen.
Frau Hermansen half ihm, ein billiges Zimmer zu finden.
«Das ganze Glück der Welt ist mir zugefallen», schrieb Hans Christian nach Hause.
Die Nachbarn, denen die Mutter den Brief voll Stolz zeigte, blieben mißtrauisch.

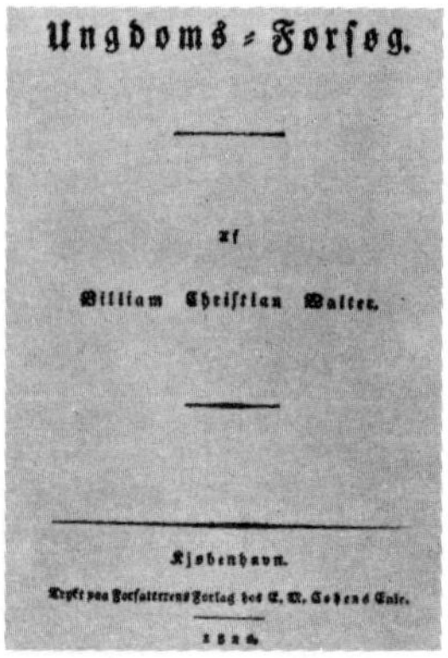
Ungdoms-Forsøg.

af

William Christian Walter.

Kjøbenhavn.

Trykt paa Forfatterens Forlag hos C. M. Cohens Enke.

Hans Christian Andersen nahm bei einem italienischen Gesangmeister Unterricht, begeisterte sich an dem Werk des berühmten romantischen Dichters Adam Gottlob Oehlenschläger und schrieb Gedichte und Prosa. Sein erstes Buch veröffentlichte er unter dem Pseudonym William Christian Walter. Die «Jugend-Versuche» enthielten kleine Prosastücke.

«Das wird zu nichts führen», sagten sie, «Schuster, bleib bei deinen Leisten!»

Siboni war ein strenger Lehrer.
Wenn etwas nicht gelingen wollte, brauste er auf. Hans Christian zitterte vor seinen Zornausbrüchen. Doch sie gingen schnell vorüber.
«Nicht bange, du!» sagte er zu Hans Christian.
Manchmal schenkte er ihm nach den Stunden ein wenig Geld. «So, nun geh in die Stadt und amüsier dich ein bißchen.»
Hans Christian bekam im Haus Siboni nicht nur Gesangsstunden, sondern immer auch ein warmes Essen. Er verstand sich gut mit den Dienstboten des Sängers, besonders mit seinem italienischen Koch.
Italien, was mußte das für ein wunderbares Land sein!
«Wenn ich einmal berühmt bin, werde ich reisen», sagte er. Aber im Augenblick war er noch weit davon entfernt, berühmt zu sein.
Dafür hatte er kalte, nasse Füße.
Es war November. Die Tage neblig, grau und dunkel. Hans Christians Stiefel waren zerrissen, und das Geld, das er geschenkt bekam, reichte gerade für die Zimmermiete und das Allernotwendigste.
Im Frühling wurde Hans Christian fünfzehn Jahre alt. Seine Stimme bekam plötzlich einen rauhen Klang.
«Stimmbruch», stellte Siboni fest, «es hat keinen Sinn, weiter zu üben.»
«Am besten ist, du kehrst nach Odense zurück und lernst ein anständiges Handwerk», riet er ihm.
War alles, was Hans Christian in den letz-

ten Monaten durchgemacht hatte, umsonst gewesen?

Hans Christian gab nicht auf.
Er wollte es nochmals als Schauspieler versuchen. Schon nach der zweiten Stunde sagte sein Lehrer: «Gott mag wißen, was aus dir wird! Gefühl hast du, aber ein Schauspieler wird nie aus dir!»

Aber immer wieder traf Hans Christian Menschen, die Verständnis für ihn hatten. «Irgend etwas Besonderes ist an dem Jungen», sagte der Ballettmeister Dahlen zu seiner Frau, als Hans Christian ihnen mit seinen Puppen ein selbstgeschriebenes Stück vorspielte. Die Puppen hatte er von zu Hause mitgebracht. Auch die Kleider nähte er ihnen noch immer selbst. In den

Das königliche Theater am «Neumarkt» in Kopenhagen. Mit einem Empfehlungsschreiben eines Buchdruckers aus Odense, versuchte Hans Christian an das Theater zu gelangen; aber das mißlang. So erlebte er das Theater wenigstens als Zuschauer von der billigen «Höckerloge» aus.

Stoffläden der Stadt gab es herrliche Resten zu kaufen.
Herr und Frau Dahlen halfen ihm weiter.
Er wurde in die Ballettschule des Theaters aufgenommen und bekam eine Anstellung als Statist.
Als er einen Troll spielte, stand sein Name zum erstenmal auf dem Programm: «Troll – Andersen».
Hans Christian konnte sich vor Stolz und Freude kaum fassen. Er lag in seiner billigen fensterlosen Kammer, hielt das Programm vor das Licht der Kerze und starrte auf seinen Namen.
Neunzehn Monate waren es her, seit er in Kopenhagen angekommen, seit er beim Frederiksberger Park aus der Postkutsche gestiegen war.
Und jetzt?
War er endlich auf dem Weg, berühmt zu werden?

«Hans Christian, Sie sind ein Dichter!» sagte Frau Jürgensen.
Sie war die Mutter eines jungen Schriftstellers und Revolutionärs.
Hans Christian hatte sie bei Dahlens kennengelernt. Und nun lud sie ihn hin und wieder zum Essen ein. Er las ihr seine Gedichte und Theaterstücke vor.
Wenn ihn etwas bewegte oder beschäftigte, mußte er es aufschreiben. Aber das Theater und seine Welt erfüllten ihn so, daß er noch gar nicht daran dachte, ein Dichter zu werden.
«In zehn Jahren vielleicht», lächelte Frau Jürgensen, «dann bin ich längst tot und begraben – denken Sie an mich!»

Einen freundlichen Förderer fand Hans Christian Andersen in dem Theaterdirektor Jonas Collin. Einmal durfte er sogar im Ballet «Armida» als siebenter Kobold auftreten. Collin verschaffte Andersen auch das Stipendium an der Lateinschule in Skagelsen. «Kein Vater hätte mir mehr sein können, als er mir war und ist.»

Zur 18jährigen Tochter seines Gönners erfasste ihn eine tiefe Neigung, die jedoch von Louise unerwidert blieb. Der hochaufgeschossene junge Mann, mit einem knochigen, unschönen Gesicht, machten ihm den Zugang zum schönen Geschlecht schwierig.

Hans Christian Andersen schuf sich mit seinen ersten literarischen Versuchen nicht nur Freunde. Man warf ihm seine Eitelkeit, seine Empfindlichkeit vor. So vor allem der Dramatiker Henrik Hertz und der Kritiker Carsten Hauch. Dieser schrieb über Andersen: «Er drängt sich in alle Familien ein, leckt den Speichel aller Menschen und ist rückgratlos.»

Der Drang des jungen Andersen mit bekannten Persönlichkeiten Kopenhagens Bekanntschaft zu schließen, war unersättlich. Oft wurde er von der «guten Gesellschaft» mit Spott und Verachtung bedacht. Auch Adam Gottlob Oehlenschläger, dem Begründer der Romantik in Dänemark, näherte er sich mit einem Huldigungsgedicht.

Tränen traten Hans Christian in die Augen.
Was Frau Jürgensen gesagt hatte, bewegte ihn.
«Eigentlich müßten Sie studieren, aber es führen viele Wege nach Rom.»
Bei Frau Jürgensen fühlte sich Hans Christian wohl. Angeregt durch ihre Bemerkung, schrieb er voller Begeisterung ein Theaterstück: «Die Räuber von Wissenberg».
Unter dem Pseudonym William Christian Walter legte er es dem Königlichen Theater zur Prüfung vor.
Sechs Wochen später bekam er es zurück.
«Theaterstücke von Leuten, die nicht fehlerfrei schreiben können und denen es an jeglicher Bildung zu mangeln scheint, können wir nicht berücksichtigen.»
War es ein Zufall? Bald darauf kündigte ihm das Theater seine Anstellung als Statist. Im Kündigungsbrief stand, es wäre nun an der Zeit für ihn, «sich eine Bildung zu verschaffen».
Hatte er das nötig?
«Hans Christian, Sie sind ein Dichter!»
Diese Worte hatten sich ihm tief eingeprägt.
Er verfaßte ein zweites Stück, die Tragödie «Elfensonne».
Auch dieses Stück wurde zurückgewiesen, aber er wurde zum Theater bestellt.
«Ihr Stück ist schlecht, aber Sie haben Talent», sagte der Direktor.
Der Konferenzrat Jonas Collin, ein Mitglied der Theaterdirektion, hatte das Stück ebenfalls gelesen und sich nach seinem Autor erkundigt. Er war es, der dem

Des Dichters Reisegepäck. «Reisen heißt leben» hat Hans Christian Andersen einmal gesagt. Seine erste Auslandsreise ging ins «Land der Dichter und Denker» nach Deutschland. Diese Reise führte ihn in den Harz, in die Sächsische Schweiz und nach Berlin. Dort lernte er den deutschen Dichter Adalbert von Chamisso kennen, der ihn mit seinem «Peter Schlemihl» zum Märchenschreiben angeregt hat.

König zum erstenmal von dem merkwürdigen Jungen aus Odense erzählte.
«Er ist begabt, aber wenn er jetzt nicht eine richtige Schulbildung bekommt, wird er scheitern und es wird nichts aus ihm werden.»
Der König gewährte Hans Christian ein Stipendium.
Jonas Collin teilte Hans Christian mit, König Friedrich habe beschlossen, ihn auf die Lateinschule in Slagelse zu schicken.
War das der endgültige Abschied vom Theater?
Was wartete auf ihn?
Einige Tage vor Hans Christians Abreise ließ Jonas Collin ihn zu sich kommen.
Es war im Oktober des Jahres 1822 und Hans Christian siebzehneinhalb Jahre alt.
«Sie können mir immer schreiben, wenn Sie etwas brauchen», sagte der Konferenzrat zu ihm.
«Danke!» sagte Hans Christian. Es war schwer, für das, was ihn bewegte, die richtigen Worte zu finden.
Er wußte noch nicht, daß er in Jonas Collin einen zweiten Vater gefunden hatte.

«Dummkopf, ich habe Sie satt!» schrie Meisling.
Stumm und wie gelähmt vor Furcht saß Hans Christian da.
Die andern Schüler lachten.
Hans Christian wußte, daß er wieder das Gegenteil von dem gesagt hatte, was er hätte sagen sollen.
«Sie sind der bornierteste Schädel, den ich kennengelernt habe, und dabei glauben Sie obendrein, Sie sind was!» schrie der Lehrer ihn weiter an.

Mit dem Dichter Bernhard Severin Ingemann, den Andersen in Kopenhagen kennen und schätzen gelernt hatte, blieb er zeit seines Lebens verbunden. Ingemann starb 1862.

Hans Christian Andersen in Rom, 1834. Bleistiftzeichnung von A. Küchler.

Unter den vielen Reisezielen hatte die Schweiz für Andersen eine besondere Bedeutung. Hier verbrachte er insgesamt etwa 11 Monate. Neben den bekannten Touristenorten, besonders gut gefiel es ihm in Brunnen, besuchte er häufig das Jurastädtchen Le Locle. Dorthin hatte ihn ein ursprünglich dänischer Uhrenmacher eingeladen. Er verkehrte auch im Hause des berühmten Chronometerfabrikanten Jules Houriet. Hier zeichnete Andersen diese Skizze «Blick aus dem Fenster in Le Locle».

In Paris machte Hans Christian Andersen die Bekanntschaft des deutschen Dichters Heinrich Heine. Er begegnete ihm in dem Klub «Europe littéraire». Heine schrieb ihm einen boshaften Satz in's Stammbuch: Er solle gut Deutsch in Deutschland lernen, in Dänemark dann auf Deutsch schreiben, was er in Italien gefühlt habe.

Im Jahre 1833 wurden ihm die Reisen nach Frankreich und Italien zum großen Erlebnis. In Paris besuchte Andersen vor allem den weltberühmten Dichter Victor Hugo, begegnete Lammartine, Dumas d. Ä. und Balzac.

Rom, Blick auf die Kuppel des Petersdomes vom Monte Maria. Andersen hatte Rom im Oktober 1833 besucht. Hier begann er seinen Roman «Improvisatoren» oder deutsch «Der Improvisator», der 1835 in Kopenhagen erschienen ist.

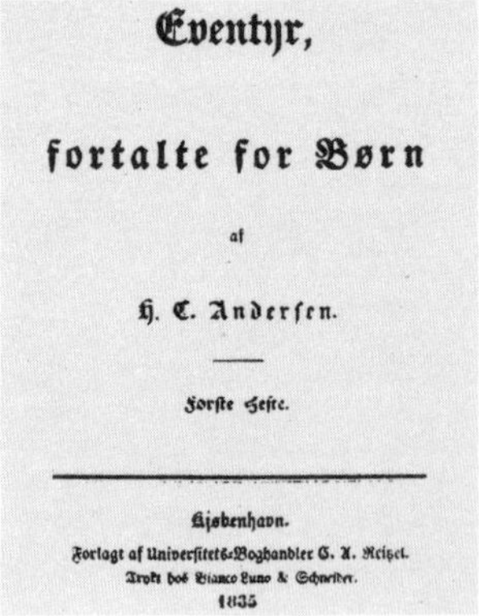

Eventyr,

fortalte for Børn

af

H. C. Andersen.

Første Hefte.

Kjøbenhavn.

Forlagt af Universitets-Boghandler C. A. Reitzel.

Trykt hos Bianco Luno & Schneider.

1835

Auf seiner Deutschlandreise hatte ihn die Begegnung mit den großen Märchensammlern Jakob und Wilhelm Grimm beeindruckt. Das «Wunderbare», das «Märchen des Lebens» begann ihn zu beschäftigen. So fing er an nach alten Quellen und eigener Phantasie Märchen zu schreiben, die seinen Namen berühmter gemacht haben als seine Romane. Die erste Märchensammlung ist 1835 erschienen.

Spürte er nicht, wie Hans Christian bei jedem Wort zusammenzuckte?
Meisling war der Schulleiter der Lateinschule in Slagelse. Jonas Collin hatte ihm die Ausbildung Hans Christian Andersens persönlich nahegelegt.
Aber der Anblick des nervösen aufgeschossenen Achtzehnjährigen reizte ihn zu bösen Bemerkungen.
Was hatten sich seine einflußreichen Gönner in der Stadt gedacht, als sie Andersen hieher schickten? Was wollte dieser Junge hier unter den zwölfjährigen wohlhabenden Bürgerssöhnen? Er gehörte nach Odense, als Schneider, als Schuhflicker, aber nicht auf eine Lateinschule.
Die andern Lehrer waren nicht derselben Meinung wie ihr Rektor. In Religion, Geschichte und dänischem Aufsatz war Hans Christian der beste.
«Schreib mir einen Aufsatz!» baten ihn die Klassenkameraden oft, «bloß nicht zu gut, damit man es nicht merkt.»
Jede Prüfung erfüllte Hans Christian mit Angst.
«Gott! Hilf mir!» schrieb er in sein Tagebuch. «Der Abend draußen ist so winterlich hell. Prüfung glücklich zu Ende. Morgen kommt das Ergebnis. Mond! Morgen beschaust du entweder einen Blassen und Verzweifelten oder den Glücklichsten!»
An Sonntagen wanderte Hans Christian aus der Stadt hinaus. In Sorö, einem kleinen Ort im Wald zwischen zwei Seen, besuchte er den Dichter Ingemann.
Bei schönem Wetter fuhren sie mit dem Segelboot aufs Wasser hinaus. Die Äolsharfe am Mast sang im Wind.

Scherenschnitt von H. C. Andersen.

Hans Christian Andersen liebte es, Scherenschnitte herzustellen. Kleine Prinzessinnen, Tänzerinnen, Schwäne beleben diese kleinen Kunstwerke. Alle Figürchen sind so reizend wie die kleine Tänzerin im «Standhaften Zinnsoldaten», die ihr Bein so hoch in die Höhe hob», daß der Zinnsoldat es gar nicht finden konnte und glaubte, sie habe nur ein Bein, so wie er.»

«Hans Christian, Sie sind ein Dichter.»
Was wußten diejenigen von ihm, die ihn dauernd ermahnten, jetzt fleißig zu lernen statt ans Schreiben zu denken!
Sich mit Worten auszudrücken, war ein Teil seines Lebens geworden. Getröstet, von neuem Mut erfüllt, kehrte er nach den Begegnungen mit einer glücklichen harmonischen Welt in die Schule zurück.

Als Hans Christian den Sankt-Knuts-Kirchturm erblickte, weinte er.
Er war die achtzehn Meilen von Nyborg nach Odense zu Fuß gelaufen. Vier Jahre waren vergangen, seit er voller Hoffnungen von zu Hause fortgezogen war.
Nun kam er nicht als berühmter Schauspieler oder Tänzer, sondern als Lateinschüler zurück.

Hans Christian mußte daran denken, wie sehr sich sein Vater das für ihn gewünscht hatte.
Es waren seine ersten Sommerferien.
«Jeder will dich sehen», sagte seine Mutter aufgeregt, als sie ihn umarmte.
Anne-Marie Andersen hatte in der Zwischenzeit nochmals einen Schustergesellen geheiratet. Ein halbes Jahr nach der Hochzeit war er gestorben. Auch der Großvater und die Großmutter lebten nicht mehr.
Schuhmachers Marie, wie sie von den Leuten genannt wurde, verdiente sich jetzt als Wäscherin ihren Unterhalt.
Vier Jahre hatten sich Mutter und Sohn nicht mehr gesehen.
Guldbergs und die Familie des Bischofs hatten Hans Christian auf eine Bootsfahrt mitgenommen. Sie führte auf dem Fluß zwischen den Gärten der Stadt hindurch.
Wie groß er geworden war, ihr Hans Christian! Und wie klug, daß er nun von allen feinen Leuten der Stadt eingeladen wurde, von Oberst Guldbergs, vom Schreiber, vom Kaufmann, vom Buchhändler.
«Wie ein Grafenkind behandeln sie ihn», sagte die Mutter zu den Nachbarn.

Hans Christian Andersen wie ihn im Jahre 1836 der Maler C. A. Jensen gemalt hat. Es war die Zeit, da er von seinen ersten großen Reisen wieder in seine Heimat zurückgekehrt war, einen bedeutenden Roman und eine Märchensammlung veröffentlicht hatte. Andersen stand aber erst an der Schwelle seines Ruhmes.

Nun konnten endlich alle sehen, daß Schuhmacher Maries Hans Christian nicht so blöd war, wie sie dachten.
«Gleichgültig, was der Junge werden will, und sei es das Unvernünftigste von der Welt, laß ihn seinen eigenen Weg gehen», hatte der Vater kurz vor seinem Tod zu ihr gesagt.
Sie hatte diese Worte nie vergessen.
Hans Christian wußte, daß seine Mutter ihn nicht mit dem Verstand, aber mit dem Herzen begriffen hatte.
Nach den Ferien fiel es Hans Christian schwer, in die Schule nach Slagelse zurückzukehren.
Meisling war zum Schreckgespenst seiner Träume geworden.

«Kommen Sie mit!» sagte Meisling zu Hans Christian.
Meisling hatte sich um die Rektorenstelle an der Lateinschule von Helsingör beworben und sie auch erhalten.
«Schreiben Sie an Collin. Sie können bei mir wohnen!»
Meisling machte ihm Versprechungen.
«Ich werde Ihnen neben der Schule Privatstunden geben, dann schaffen Sie in anderthalb Jahren das Abitur.»

Hans Christian hatte nicht die Kraft, nein zu sagen.
Im Frühjahr 1826 zog Hans Christian mit Familie Meisling nach Helsingör. Er war einundzwanzig Jahre alt.
In den ersten Wochen ging alles gut.
«Welch ein Leben! Wieviel Aufregung auf den Docks!» schrieb Hans Christian an Jonas Collin nach Kopenhagen.
Nicht nur der Hafen und das Meer begeisterten ihn. Außerhalb der Stadt lag Kronberg, die Burg Hamlets. An freien Tagen machte er lange Wanderungen. «Alles scheint mir wie die Schweiz zu sein... oh, wenn man diese herrliche Landschaft sieht, muß man ein Dichter oder Maler werden. Oh, mein Wohltäter, dank für jeden glücklichen Augenblick!»
Es waren nicht viele.

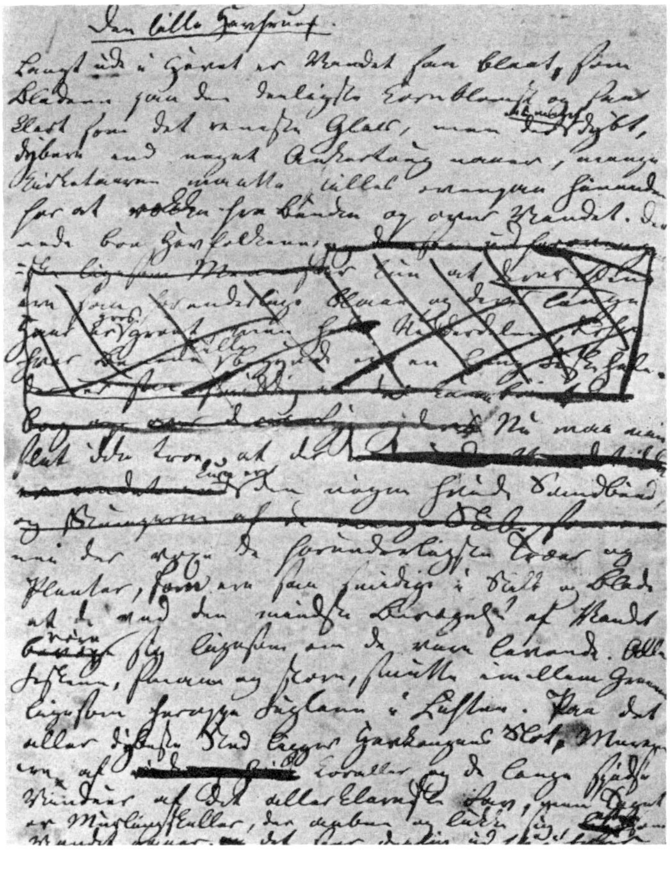

Eine Manuskriptseite zu dem Märchen «Die kleine Seejungfrau». Schon nach der ersten Märchensammlung prophezeite ihm sein Freund Hans Christian Oersted, daß ihn seine Märchen unsterblich machen würden. Andersen glaubte, er sei Dramatiker und maß seinen Märchen keine große Bedeutung bei.

Meisling fand in Helsingör nicht die Anerkennung, die er sich erhofft hatte. Seine Frau fing an zu trinken.
«Eine Schlampe», hörte Hans Christian die Nachbarn tuscheln.
Ungepflegt, mit falschen roten Locken, entsprach sie nicht dem Bild, das sich die Damen der Stadt von der Frau eines Rektors machten.
Hans Christian wurde zum Sündenbock für alles.
Nicht nur zu Hause, auch in der Schule machte es Meisling Spaß, Hans Christian zu verspotten.
«Leben ohne Hoffnung ist eine Hölle», hatte Hans Christian in Slagelse in sein Tagebuch geschrieben.
Aber wie schön erschien ihm die Zeit in Slagelse im Vergleich zu dem, was er in Helsingör erdulden mußte!
In Slagelse hatte Hans Christian bei einer freundlichen Witwe gewohnt und Meisling nur während der Schule gesehen. Nun konnte er seinen Quälereien nicht mehr entrinnen. Oft blieb Hans Christian allein im Schulzimmer zurück. Es war der einzige Ort, an dem er hin und wieder Ruhe fand. In einer verzweifelten Stunde schrieb er das Gedicht «Das sterbende Kind». Er dachte an seine Mutter. Hans Christian hatte aus Odense schlechte Nachrichten bekommen. Die Mutter war krank geworden, hatte sich dem Trunk ergeben und lebte im Armenhaus. Der Gedanke daran bedrückte Hans Christian. Er konnte ihr nicht helfen. Er war ja selbst arm, auf Almosen angewiesen. Das Gedicht «Das sterbende Kind» wurde in einer Zeitschrift gedruckt und gefiel den Lesern so gut, daß es sogar als Fliegendes Blatt auf den Jahrmärkten verkauft wurde. «Du bildest dir ein, ein Dichter zu sein», schrie Meisling ihn an, als er davon erfuhr. «Du vertrödelst deine Zeit, schreibst, statt zu lernen.»
Hans Christian bekam Hausarrest.

«Immer und ewig ausgeschimpft», schrieb Hans Christian an Jonas Collin, «niemals eine Ermunterung zu hören kriegen ... bei Tisch muß ich stumm dasitzen, und kaum sieht er zu mir hin, und in der Schule, unter den andern, ausgeschimpft und voller Schande ... Aber Sie werden sicher böse sein über meinen langen Brief, da ich alles hätte kürzer sagen können, und doch möchte ich noch so viel sagen; Interesse wage ich nicht zu erhoffen, aber haben Sie

Der Erfolg des Schustersohnes aus Odense wurde von vielen Kopenhagenern mit Mißtrauen, Neid und boshafter Kritik bedacht. Man warf ihm vor, er sei geltungssüchtig, suche Beziehungen und schreibe mit seinen Bühnenstücken der Mode nach. Kein Wunder, daß auch zahlreiche Karrikaturen über Andersen in seinem Heimatland entstanden sind.

Brief auf Leipzig-Dresdner Eisenbahnpapier von 1841. Bis zwei Jahre vor seinem Tode hielt die Reiseleidenschaft den Dichter gepackt. Er erlebte den großen Aufschwung der Eisenbahnen als Verkehrsmittel, liebte das Eisenbahnfahren und hat seine ersten Erlebnisse des Bahnfahrens so geschildert: «Der Wagen gleitet wie ein Schlitten über ein ebenes Schneefeld ... Du entdeckst, daß Du davonjagst wie mit Pferden im Galopp; noch rascher gehts, Du scheinst zu fliegen.»

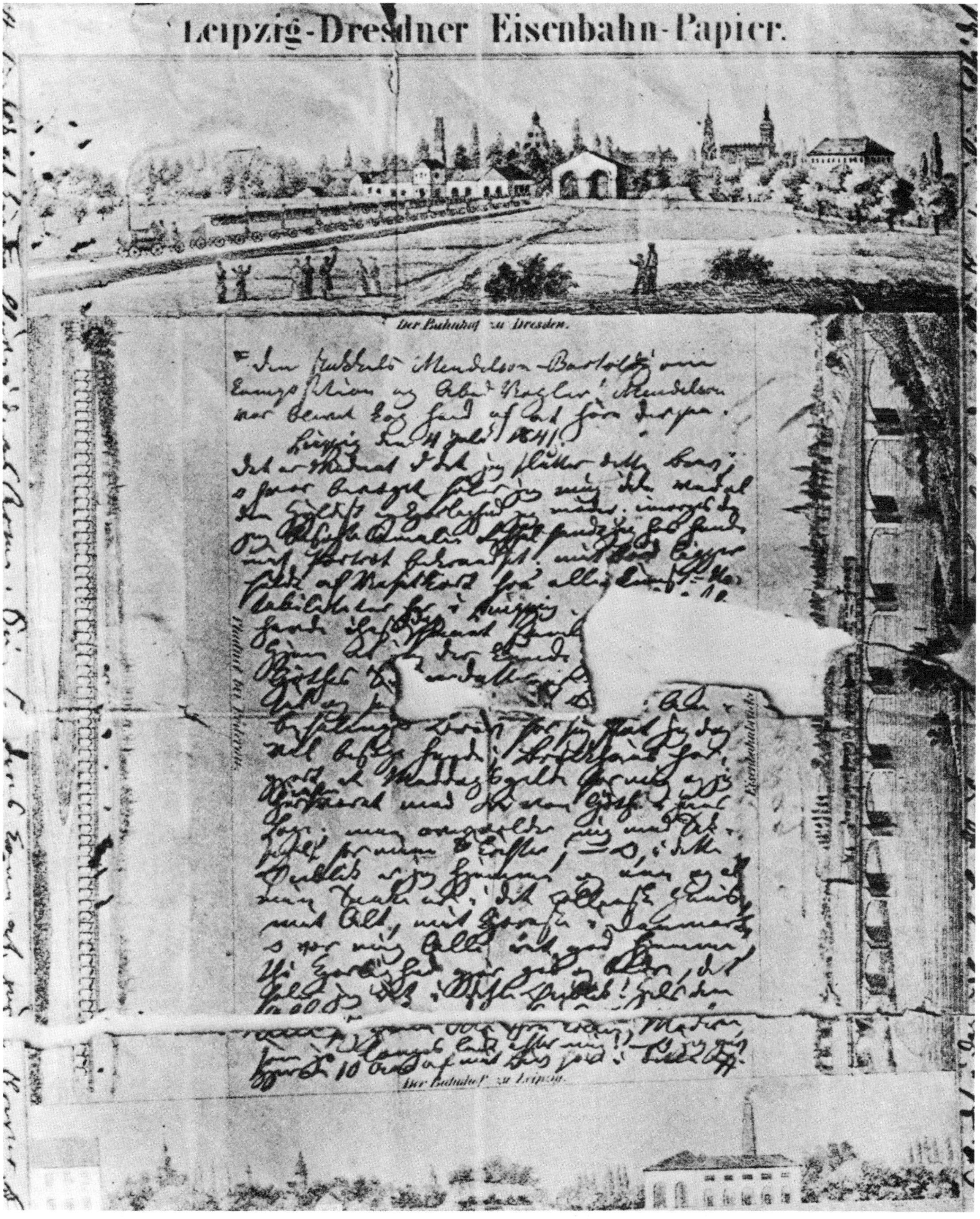
Leipzig-Dresdner Eisenbahn-Papier.
Der Bahnhof zu Dresden.
Der Bahnhof zu Leipzig.

Mitleid mit mir, sonst muß ich verzweifeln.»
«Verlieren Sie nicht den Mut», schrieb ihm der Konferenzrat zurück und ermahnte ihn, auszuharren.
Jonas Collin konnte sich Hans Christians Klagen nicht erklären. Sicher war er nur nervös und überempfindlich. Vor ihm lag ein Brief des Rektors, in dem er über Hans Christian schrieb: «Seine Anlagen sind besonders gut, ja im Hinblick auf einzelne Geistesrichtungen sogar ausgezeichnet; sein Fleiß unentwegt und sein Betragen auf einer liebenswerten Gutherzigkeit begründet, von jener Art, die den Schülern einer Schule als Vorbild dienen kann... Nicht nur seine redliche Gesinnung, sondern auch seine treue Ausdauer und sein unverkennbares Talent sind eine Bürgschaft dafür, daß das, was zu seinem Wohl angewandt wird, keinesfalls verloren sein wird.»
War der Mann, der diesen Brief geschrieben hatte, der gleiche, der Hans Christian Tag für Tag verspottete, einen Dummkopf nannte und zu ihm sagte: «Ich habe Sie satt! Außerdem weiß ich wohl, daß Sie mich nie werden leiden können, weil ich Ihnen die Wahrheit gesagt habe. Sie sind ein peinliches, dummes Geschöpf!»

Der Konferenzrat Jonas Collin saß in seinem Büro hinter dem Schreibtisch.
Schweigend hörte er zu.
Vor ihm stand Christian Werliin, ein junger Hilfslehrer aus Helsingör.
«Sie müßen etwas unternehmen, der Junge geht sonst zugrunde!»

Der Karlsplatz in München von H. C. Andersen gezeichnet. Auf Deutschland hielt Andersen große Stücke. Er konnte dort viele berühmte Personen zu seinen Freunden zählen. So die Brüder Grimm, Adalbert von Chamisso, Wilhelm Tieck, Mendelsohn in Leipzig, die Münchner Künstlerkreise um Kaulbach und Cornelius.

Auf seiner Deutschlandreise von 1844 besuchte er auch das Musikerehepaar Robert und Clara Schumann. Dieses Ehepaar machte auf ihn einen starken Eindruck. Robert Schumann schrieb sich mit einem kompositorischen Autograph in das Stammbuch von Hans Christian Andersen ein.

1847 ging die Reise über Holland nach England und Schottland. Hier gewann er die Freundschaft des englischen Dichters Charles Dickens, den er zehn Jahre später auf seinem Besitz Gad's Hill wieder besucht hat.

Die Tochter des berühmten Afrikaforschers David Livingstone, der als erster Afrika durchquert hatte, war eine begeisterte Leserin von Andersen's Märchen. Sie lernte den Dichter auf einer seiner Englandreisen kennen.

Jonas Collin war bewegt. Was Hans Christian ihm geschrieben hatte, war also keine Einbildung, keine krankhafte Empfindlichkeit.
Was mußte Hans Christian im letzten Jahr gelitten haben!
«Ich verspreche Ihnen», sagte er zu dem jungen Mann, «daß ich sofort einschreiten werde.»

Als Meisling die Mitteilung bekam, der Konferenzrat wolle den Schüler Hans Christian Andersen im Frühling aus der Schule nehmen, schäumte er vor Wut.
Es war ein halbes Jahr vor dem Abitur.
Collin wollte Hans Christian von einem Privatlehrer in Kopenhagen darauf vorbereiten lassen.
«Ich danke Ihnen aufrichtig für alles, was

Die Gesammelten Werke des Dichters wurden zum ersten Mal 1854, noch zu seinen Lebzeiten, herausgegeben. Kurz nach seinem Tode legte der Verleger C. A. Reitzel die Subskriptionseinladung zu einer zweiten Gesamtausgabe auf. Die erste deutsche Gesamtausgabe war in den Jahren 1847–1872 in Leipzig erschienen.

Die große Ehrung, die Hans Christian Andersen's Geburtsstadt Odense dem einstigen armen Schusterssohn bereitete, erfüllte den Dichter mit Stolz. 1867 fand dort zu seinen Ehren ein großes Volksfest mit Feuerwerk statt. Er wurde an diesem Tag zum Ehrenbürger ernannt und erhielt einen kostbar ausgestatteten Ehrenbürgerbrief.

ich gelernt habe», sagte Hans Christian, als er sich von Meisling verabschiedete.
War dieser Mann im Grunde nicht unglücklicher als er selbst? Vom Leben enttäuscht? Der Sklave seines Jähzorns?
«Sie werden noch im Irrenhaus landen», schrie Meisling ihn an, «ich bin froh, daß ich Sie nie mehr sehen muß. Fahren Sie zur Hölle!»

Bis ein Jahr vor seinem Tode war Hans Christian Andersen's unbändige Reiselust wachgeblieben. Immer wieder suchte er Deutschland, die Schweiz und England auf. 1867 begab er sich an die Weltausstellung nach Paris. Andersen war zum Weltmann geworden. Die Wintermonate verbrachte er zwar meist in Kopenhagen, in größter Einsamkeit. Das Bild zeigt ihn in seinem Zimmer am Neuen Hafen (Nyhavn) um 1874. Am 6. August 1875 starb der Dichter.

Jonas Collin hatte für Hans Christian hoch unter dem Dach eines Hauses in der Vingaardstraße ein Zimmer gemietet.
Der Lehrer, der Hans Christian nun auf die Prüfung vorbereitete, war ein junger Theologiestudent. Sie verstanden sich und wurden Freunde.
Die Schularbeit war keine Fron mehr. Zum erstenmal in seinem Leben fühlte sich Hans Christian frei und selbständig.
Im Hause des Konferenzrates fand er Verständnis und Geborgenheit. Die Kinder Collins, die in seinem Alter waren, wurden für Hans Christian Geschwister, besonders mit Edvard blieb er das ganze Leben lang verbunden.
Zum erstenmal seit der Zeit in Helsingör konnte sich Hans Christian satt essen. Wie andere arme Studenten, wurde er von wohlhabenden Kopenhagener Familien einmal in der Woche zum Essen eingeladen.
«Ein unterdrücktes Wesen auf der Schulbank war ich gewesen», schrieb er. Nun konnte er wieder lachen. Sein Humor und seine gute Laune wirkten ansteckend. Hans Christian war glücklich, wenn er spürte, daß er andern Freude machen konnte. Und auch er brauchte Zuneigung, wie das tägliche Brot.
Einige Tage vor der Prüfung lernte Hans Christian bei einem Essen einen jungen Mann kennen.
«Ich gehe zum Examen an die Universität», sagte dieser schüchtern.
Hans Christian sprach ihm Mut zu. Aber er selbst hatte vor der Prüfung eine solche Angst, daß er am Examenmorgen ohnmächtig wurde.

Als er in das Zimmer kam, wo er in Mathematik geprüft werden sollte, stand der schüchterne Mann vor ihm. Es war kein Student, sondern ein junger Professor. Er lächelte Hans Christian zu.

«Was werden Sie tun, wenn Sie Ihr Examen bestanden haben? Dann werden Sie Ihr eigener Herr sein.»

Andersen, der vor Aufregung zitterte, antwortete: «Ach Gott, wollen Sie nicht zu prüfen beginnen, damit ich hinaus kann, ich fürchte mich so sehr.»

Hans Christian bestand die Prüfung mit Auszeichnung.

Am Abend lehnte er am offenen Fenster seines Zimmers. Er schaute über die mondbeschienenen Dächer. In Gedanken standen sein Vater und seine Mutter vor ihm. Er dachte an seine Kindheit zurück, an die schweren Jahre in Kopenhagen, an die Zeit bei Siboni, an die Zeit als Statist auf dem Theater, an die Zeit in Slagelse und Helsingör.

War nicht alles, was er bis jetzt erlebt hatte, wie ein trauriges und doch wunderbares Märchen?

Tief atmete er die frische Nachtluft ein.

In seinen Lebenserinnerungen schrieb er später: «Ich war unendlich jung, unendlich froh, das Leben lag sonnenbeglänzt vor mir.»

Hans Christian Andersen war nicht ohne Eitelkeit. Er kleidete sich gerne nach der Mode und hielt sich auch mit Vorliebe an vornehmen dänischen Herrenhöfen auf. Diese Photographie wurde 1863 auf Frijsenborg aufgenommen.

H.C. Andersen um 1862 nach einer Aufnahme des Photographen Franz von Hanfstaengel. Andersen bewunderte den technischen Fortschritt, besonders die Photographie. Diese Porträtaufnahme liebte Andersen besonders. Er selbst sagte darüber: «Ich war völlig überrascht, erstaunt darüber, daß das Sonnenlicht meinem Gesicht einen solchen Ausdruck von Schönheit verleihen konnte. Sie werden sehen, es ist das einzige Porträt, das meine Eitelkeit in die Hände der Nachwelt gelangen zu lassen wünscht.»

Das Wunderkind

Felix Mendelssohn Bartholdy, 1809–1847

Im Jahr 1743 wanderte ein armer vierzehnjähriger Junge, seine Habe in einem Bündel auf dem Rücken, von Dessau nach Berlin. Der Junge war schmächtig, hatte einen Buckel und stotterte. Als er vor dem Stadttor ankam, fragte der Wächter:

«Wie heißt Er?»
«Moses», sagte der Junge.
«Was will Er hier?»
«Lernen!»
Der Wächter lachte.

«Zeig Er seine Papiere!»
«Moses Dessau», las er, «Sohn des Mendel aus Dessau, jüdischer Religion...»
«Ich kann ihn nicht einlassen. Fremde Juden haben Berlin durch das Rosenthaler Tor zu betreten!»

Das Rosenthaler Tor befand sich auf der entgegengesetzten Seite der Stadt. Die Wanderung für den übermüdeten Jungen war also noch nicht zu Ende. Er wußte jetzt, daß er als Jude in Berlin zwar geduldet, aber nicht erwünscht war.
Moses Mendels-Sohn aus Dessau wurde in Berlin ein guter Kaufmann, aber auch ein berühmter Philosoph. Der Dichter Lessing bewunderte ihn und hat ihm in seinem Theaterstück ‹Nathan der Weise› ein bleibendes Denkmal geschaffen.
Moses Mendelssohn heiratete die Tochter eines Kaufmanns aus Hamburg. Fromet Gugenheim, so hieß das vierundzwanzigjährige hübsche Mädchen, kannte die philosophischen Schriften Mendelssohns und verehrte ihn. Aber als sie Moses zum erstenmal sah, und er sie bat, seine Frau zu

Felix Mendelssohn Bartholdy beim Klavierspiel. Wie ein Bild «altdeutscher Engel» nannte eine Bekannte des Hauses Mendelssohns das «feine, ingelligente, von langen, breit auseinanderfliegenden Haaren» umwallte Gesicht des zehnjährigen Knaben. Felix war sieben Jahre alt, als er seinen ersten Klavierunterricht erhielt. Schon sechs Jahre später sprach der deutsche Dichter Heinrich Heine, von Felix als von einem «musikalischen Wunder».

werden, fing sie an zu weinen. Mendelssohn ahnte warum.

«Ist es, weil ich einen Buckel habe?» fragte er.
Sie nickte.
«Dann will ich Ihnen eine Geschichte erzählen», sagte Mendelssohn. – «Jedem Kind ist schon im Himmel bestimmt, wen es einmal heiraten wird. Als ich geboren wurde, hieß es, meine Frau werde einen Buckel haben. Da sagte ich: «Lieber Gott, ein verwachsenes Mädchen wird leicht verbittert und hart. Lieber Gott, gib mir den Buckel und laß das Mädchen schlank und wohlgefällig sein.»

Fromet verstand die Geschichte.
Sie heirateten und bekamen sechs gesunde Kinder.
Eines dieser Kinder hieß Abraham. Als er sich mit Lea Salomon verheiratete, fügte er seinem Namen Mendelssohn noch den Namen Bartholdy bei. Er wollte, daß man ihn von den andern Familienzweigen besser unterscheiden könne.
Abraham wurde Bankier. Zuerst wohnte er in Hamburg, später zog er nach Berlin. Er trat zum Protestantismus über und ließ seine vier Kinder christlich erziehen.
Von diesen vier Kindern war Felix das Zweitälteste. Seine ältere Schwester hieß Fanny, seine beiden jüngeren Geschwister waren Rebecca und Paul.
Felix ist am 3. Februar 1809 in Hamburg geboren.
Der Vater war gütig, aber auch streng. Jedes Nichtstun war im Hause Mendelssohn verpönt. Die Kinder wurden um fünf Uhr früh geweckt, damit sie in Ruhe ihre Aufgaben machen konnten. Alle vier waren musikalisch und lernten früh ein Instrument zu spielen. Abraham Mendelssohn war glücklich, wenn er seine Kinder musizieren hörte.
Seine Geschäfte führten den Vater oft auf Reisen. Die Kinder mußten ihm schreiben, wie sie die Tage verbrachten. Einige seiner Antworten sind erhalten geblieben.

‹Eure Briefe, liebe Kinder! haben mir sehr viel Vergnügen gemacht. Ich würde auch jedem einen besonderen Brief schreiben, wenn ich nicht so bald wieder zu Euch käme, was Euch denn doch wohl lieber ist als ein Brief.
Du liebes Beckchen [Rebekka], hast mir recht gut geschrieben, und ich lobe Dich, daß Du Dich des Eichhörnchens erbarmt und es in die Stube hast bringen lassen. Wenn das Wetter so abscheulich ist wie hier, so hätte es auch ein Eich-Elefantchen nicht aushalten können im Freien. Was hat denn aber Mutter dazu gesagt? Führe Dich gut, fleißig und folgsam auf. Ich bringe Dir etwas sehr Schönes mit, das Du Dir aber auch verdienen mußt.
Du, liebe Fanny, hast Dich in Deinem ersten Briefe recht schöner Schrift befleißigt. Der zweite war schon eiliger. Es macht Dir Ehre, daß Dich B's üble Späße nicht erfreuen. Ich finde auch keinen sonderlichen Geschmack daran, und es ist ein sündhaftes Bestreben, Lachen erregen zu wollen auf Kosten des Guten und des Schönen. Leider beschränkt sich hierauf fast allein die Unterhaltung und das Leben in der Gesellschaft. Daher ist es ein übles,

unlöbliches Leben und eine goldene Regel, lieber zu schweigen als etwas Unziemliches zu sagen.
Mit Dir, lieber Felix, ist die Mutter bis jetzt, wie sie mir geschrieben, zufrieden, und das freut mich sehr. Ich hoffe ein wahrhaftes und erfreuliches Tagebuch vorzufinden. Beherzige meinen Wahlspruch: «Sei wahrhaft und gehorsam.» – Besseres kannst Du nicht sein, und wenn Du es nicht bist, nichts Schlechteres. Deine Briefe haben mir Vergnügen gemacht. Indessen waren im zweiten mehrere Nachlässigkeiten, die ich Dir zu Hause zeigen werde. Du mußt Dich bemühen, besser zu sprechen, dann wirst Du auch besser schreiben.
Deine Briefe, o du dreimal gerührter

Lea Mendelssohn-Bartholdy, die Mutter von Felix nach einer Zeichnung von Wilhelm Hensel. Es war vor allem die Mutter im Hause Mendelssohn, die in Felix die musikalische Begabung geweckt hat. Sie selbst spielte Klavier, sang und zeichnete. Sie war die erste musikalische Lehrmeisterin von Felix und seiner Schwester Fanny.

Abraham Mendelssohn-Bartholdy, der Vater von Felix. Abraham Mendelssohn-Bartholdy war vor den napoleonischen Truppen nach Berlin geflohen und als Bankier dort schnell zu Erfolg gekommen. Seine Kinder erzog er streng und war auf allseitige Ausbildung bedacht. Seine ernsthaften Zweifel, ob er seinen Sohn zum Musiker ausbilden lassen sollte, konnte Luigi Cherubini zerstreuen.

Mohrenkönig, sonst auch Paul Hermann genannt! waren die besten. Auch nicht ein einziger Fehler war darin, und sie waren so schön kurz. Ich lobe Dich aber im Ernst wegen Deiner guten Aufführung, von der mir Mutter, Beckchen und Fanny schöne Dinge erzählen. Wo werde ich nun aber Ziegen für Dich herbekommen?
Ich freue mich sehr, Euch alle bald wiederzusehen und grüße Euch von Herzen.›

Die Kinder besuchten keine öffentliche Schule. Der Vater stellte Hauslehrer an.
Felix lernte neben Lesen, Rechnen und Schreiben, auch Tanzen, Reiten, Fechten und Schwimmen. Er zeichnete gern und erhielt einen eigenen Lehrer für Landschaftsmalerei. Von seinen Reisen brachte er später auch immer selbstgezeichnete Ansichten mit nach Hause.
Die ersten Klavierstunden bekam Felix von seiner Mutter. Als er acht Jahre alt war, wurde Carl Friedrich Zelter mit seiner musikalischen Erziehung betreut. Zelter war ein Liederkomponist und Leiter der Berliner Singakademie.
Felix spielte aber nicht nur ausgezeichnet Klavier, sondern fing schon als Zehnjähriger an selbst zu komponieren.

Zelter schrieb seinem Freund Johann Wolfgang Goethe einen begeisterten Brief über seinen außergewöhnlich begabten Schüler, fügte aber bei:

‹Er ist zwar ein Judensohn, aber kein Jude. Der Vater hat mit bedeutender Aufopferung seine Söhne nicht beschneiden lassen und erzieht sie, wie sich's gehört. Es wäre wirklich einmal etwas ‹Rores›, wenn aus einem Judensohn ein Künstler würde.›
Goethe lud Zelter und seinen Schüler nach Weimar ein. Es war im Spätherbst 1821. Am 4. November kamen sie in Weimar an und zwei Tage später schrieb der zwölfjährige Felix nach Hause:

‹Jetzt hört Alle, Alle zu. Heut ist Dienstag. Sonntag kam die Sonne von Weimar, Goethe, an. Am Morgen gingen wir in die Kirche, wo der 100. Psalm von Händel halb gegeben wurde. Die Orgel ist groß und doch schwach, die Marien-Orgel ist, obwohl klein, doch viel mächtiger. Die hiesige hat 50 Register, 44 Stimmen und 1 mal 32 Fuß. Nachher schrieb ich Euch den kleinen Brief vom 4. und ging nach dem ‹Elephanten›, wo ich Lucas Cra-

Felix hatte drei Geschwister: Fanny, mit der er vierhändig Klavier spielte, Rebecca und Paul. Daß es auch lustig im Hause der Mendelssohn's zu und herging, zeigt die Zeichnung von Felix, auf der er sich und seinen jüngeren Bruder Paul beim Rumpelstilzchen-Spiel dargestellt hat.

Die auffallende Eleganz des jungen Felix war schon dem Pianisten Cherubini aufgefallen. So zart Felix aussah, so konnte er doch ziemlich böse Worte fallen lassen. Vom jungen Franz Liszt sagte er: «Viel Finger und wenig Gehirn.» Rossini nannte er einen «Windbeutel». Und von einer Oper D.F.E. Auberts meinte er, «sie ließe sich vortrefflich für zwei Flöten und Maultrommel einrichten.»

nachs Haus zeichnete. Nach zwei Stunden kam Professor Zelter: «Goethe ist da, der alte Herr ist da!» – Gleich waren wir die Treppe herunter in Goethes Haus. Er war im Garten und kam eben um eine Ecke herum; ist das nicht sonderbar, lieber Vater, ebenso ging es auch Dir. Er ist sehr freundlich, doch alle Bildnisse von ihm finde ich nicht ähnlich. Er sah sich dann seine interessante Sammlung von Versteinerungen an, welche der Sohn geordnet hat, und sagte immer: «Hm, hm, ich bin recht zufrieden.» Nachher ging ich noch eine halbe Stunde im Garten mit ihm und Professor Zelter. Dann zu Tisch. Man hält ihn nicht für einen Dreiundsiebziger, sondern für einen Fünfziger. Nach Tisch bat sich Fräulein, die Schwester der Frau von Goethe, einen Kuß aus und ich machte es ebenso. Jeden Morgen erhalte ich vom Autor des ‹Faust› und des ‹Werther› einen Kuß, und jeden Nachmittag vom Vater und Freund Goethe zwei Küsse. Bedenkt!! – Nachmittag spielte ich Goethe über zwei Stunden vor, teils Fugen von Bach, teils phantasierte ich...›

Vier Tage später, am 10. November, berichtete Felix aus Weimar:

‹Donnerstag früh kamen die Großherzogin und die Großfürstin und der Erbgroßherzog zu uns, denen ich vorspielen mußte. Und nun spielte ich von 11 Uhr mit Unterbrechung von zwei Stunden bis zehn Uhr abends... Ich spiele hier viel mehr als zu Hause, unter vier Stunden selten... Alle Nachmittage macht Goethe das

Felix' Schwester Rebecca. Sie war ein lebhaftes, hübsches Mädchen mit einer guten Singstimme und teilte viele Ansichten ihres älteren Bruders Felix. Zum Beispiel den Widerwillen gegen den Namen Bartholdy, den ihnen der Vater aufgezwungen hatte. Eine Zeitlang unterschrieb sie ihre Briefe mit «Rebecca Mendelssohn-meden (niemals) Bartholdy».

Felix' Schwester Fanny. Fanny war die Lieblingsschwester von Felix. Sie hatte von ihrem Großvater eine Spur seiner körperlichen Mißbildung geerbt. Eine Schulter war höher als die andere. Felix war ihr innig zugetan. Wenn man ihn wegen seines Klavierspiels lobte, pflegte er zu sagen: «Sie sollten erst meine Schwester Fanny hören!»

Felix' Bruder Paul. Paul war ein ausgezeichneter Cellist. Er wirkte auch an den Shakespeare-Aufführungen mit, die sein älterer Bruder aufführte. «Paul war auch «Mitarbeiter» an der Kinderzeitung, die Felix mit Fanny herausgab, die im Sommer «Gartenzeitung» und im Winter «Thee- und Schneezeitung» genannt wurde. Paul wurde später, wie sein Vater, Bankier.

Felix Mendelssohn Bartholdy. Felix stand durch seine große musikalische Begabung im Mittelpunkt der Familie. Er war schon in seiner Jugend sehr selbstbewußt. So nannte er zum Beispiel seinen gestrengen Examinator, den gefeierten Komponisten Luigi Cherubini, Leiter des Pariser Konservatoriums, der über seine musikalische Begabung entscheiden sollte, einen «erloschenen Vulkan».

Streicher'sche Instrument mit den Worten auf: «Ich habe dich heute noch gar nicht gehört, mache mir ein wenig Lärm vor», – und dann pflegt er sich neben mich zu setzen, und wenn ich fertig bin (ich phantasiere gewöhnlich), so bitte ich mir einen Kuß aus oder nehme mir einen. Von seiner Güte und Freundlichkeit macht Ihr Euch keinen Begriff, ebensowenig als von dem Reichtum, den der Polarstern der Poeten an Mineralien, Büsten, Kupferstichen, kleinen Statuen, großen Handzeichnungen usw. usw. hat. Daß seine Figur imposant ist, kann ich nicht finden, er ist eben nicht viel größer als Vater. Doch seine Haltung, seine Sprache, sein Name, die sind imposant. Einen ungeheuren Klang der Stimme hat er, und schreien kann er wie zehntausend Streiter...›

Carl Friedrich Zelter. Abraham Mendelssohn stellte für Felix den Direktor der Berliner Singakademie C. F. Zelter als Hauptmusiklehrer an. Zelter war von Natur etwas derb; aber in Fragen der Musik ein erfahrener Pädagoge. Nach dem Erfolg der «Sommernachtstraum-Ouvertüre» trennten sich Felix Mendelssohn und Zelter. «Der alte Mann sieht, daß der Fisch schwimmt», bemerkte ein alter Freund des Hauses.

Berlin im frühen 19. Jahrhundert. Rechts das königliche Opernhaus, im Hintergrund das königliche Stadtschloß. Berlin war zur damaligen Zeit eine lebendige und geistig anregende Stadt. Dorothea und Friedrich Schlegel hatten hier gewirkt, Johann Gottlieb Fichte, der Philosoph, Alexander von Humboldt und G. W. F. Hegel.

Der Besuch wurde länger als vorgesehen. Sechzehn Tage blieb Felix mit seinem Lehrer bei Goethe zu Gast. Goethe war von dem Zwölfjährigen beeindruckt und sagte über ihn:

‹Was dieser kleine Mann im Phantasieren und Primavistaspielen vermag, grenzt ans Wunderbare, und ich habe es bei so jungen Jahren nicht für möglich gehalten.›

Zuhause machten sich die Eltern Sorgen. Ob sich Felix wohl auch recht und anständig aufführte?

Der Vater ermahnte ihn:

‹Sitz und halt Dich gut, besonders bei Tisch!›

Und die Mutter wünschte sich ein Mäuschen zu sein. Gar zu gern hätte sie ihren lieben Felix beobachtet. Fanny bat ihn, ja gut aufzupassen, besonders in Gegenwart des großen Dichters.

‹Und kannst Du bei Deiner Rückkehr nicht jedes Wort aus seinem Munde erzählen, so sind wir Freunde gewesen!›

Reich beschenkt kam Felix nach Hause zurück. Goethe hatte einen Vers für ihn geschrieben, der mit den Worten endete:

‹Wir wünschen Dich allesamt zurück!›

Schon im Jahr darauf besuchte Felix Goethe zum zweitenmal. Der Dichter sagte zu ihm:

‹Ich bin Saul und du bist mein David; wenn ich traurig und trübe bin, so komm und erheitere mich durch dein Saitenspiel.›

Dieser zweite Besuch fand auf der Rückkehr von einer Schweizerreise statt.
An dieser Reise nahm die ganze Familie teil.
Gleich zu Beginn hatte es zwar einen Zwischenfall gegeben. Felix war in Potsdam vergessen worden. Da die Reisegesellschaft in mehreren Wagen fuhr, vermutete jeder den Jungen in einem andern Gefährt. Unterdessen hatte sich Felix zu Fuß auf den Weg gemacht. Er traf ein Bauernmädchen mit dem er sich ausgezeichnet unterhielt. Vergnügt begegnete er dem aufgeregten Hauslehrer, der zurückge-

Es war C. F. Zelter, der die denkwürdige, erste Begegnung zwischen Goethe in Weimar und dem jungen Felix vermittelt hat. Auf seine derbe Art hatte er seinen Lieblingsschüler Felix seinem Freund Goethe so angekündigt: «Es wäre wirklich einmal *eppes Rores* (etwas Rares), wenn aus einem Judensohn ein Künstler würde.» Goethe war vom Spiel des jungen Felix sehr beeindruckt.

Im Oktober 1821 stellte Zelter seinem Freund Goethe seinen Lieblingsschüler vor. Alle Nachmittage öffnete Goethe das Klavier und sagte zum zwölfjährigen Felix: «Ich habe dich heute noch gar nicht gehört, mach mir ein wenig Lärm vor.» Über sein Spiel bemerkte Goethe: «Was dieser kleine Mann im Phantasieren und Primavistaspielen vermag, grenzt ans Wunderbare.»

schickt worden war um seinen Zögling zu suchen.
Die Reise ging über Stuttgart nach Schaffhausen und von da bis zum Gotthard. Auf der Paßhöhe kehrte man um und besuchte das Berner Oberland. In seinen Briefen an den Musiklehrer Zelter, erzählte Felix voller Ehrfurcht von den hohen, schneebedeckten Bergen, aber auch über das Jodeln:

‹Es besteht aus Tönen, die aus der Kehle hervorgebracht werden, und gewöhnlich sind es aufsteigende Sexten. Es ist nicht zu leugnen, daß diese Art Gesang in der Nähe oder im Zimmer rauh und unangenehm klingt. Doch wenn Echos darauf antworten oder sich damit vermischen; wenn man im Tal steht und auf dem Berge oder im Walde das Jodeln und das Jauchzen hört, das der Schweizer für seine Gegend hervorbringt... dann klingt dieser Gesang schön.›

Die Endstation der Reise war Genf. Felix komponierte das Klavierquartett in c-moll, in der Werkliste Opus Nr. 1, die erste veröffentlichte Komposition.
Fanny fand, ihr Bruder habe sich auf der Reise verändert:

‹Die Wirkungen unserer Reise äußerten sich bei Felix unverzüglich nach unserer Rückkunft. Er war bedeutend größer und stärker geworden, Züge und Ausdruck des Gesichts hatten sich mit unglaublicher Schnelligkeit entwickelt, und die veränderte Haartracht (man hatte ihm seine

schönen langen Locken abgeschnitten) trug nicht wenig dazu bei, sein Ansehen zu entfremden. Das hübsche Kindergesicht war verschwunden, seine Gestalt hatte etwas Männliches gewonnen, was ihn auch sehr gut kleidete. Er war anders, aber nicht weniger schön als früher.›

Nicht nur Fanny, sondern auch andere Menschen, die Felix persönlich kennen lernten, fanden, er sei eines der liebenswürdigsten, anziehendsten und begabtesten Kinder aller Zeiten.
Jeden zweiten Sonntagmorgen gab es im Haus Mendelssohn ein Hauskonzert. Fanny spielte Klavier, Rebecca sang und Paul, der Jüngste war der Cellist. Manchmal engagierte der Vater ein kleines Orchester oder einen Chor. Doch die größte Attraktion für die Gäste war Felix. Er wählte die Programme aus, hielt die Proben ab, trat als Bratischist oder als Solopianist auf und dirigierte. Er war zwar so klein, daß er sich auf einen Stuhl stellen mußte, damit man ihn überhaupt sehen konnte.
Eduard Devrient, ein häufiger Gast bei der Familie Mendelssohn, erinnerte sich:

‹Ich hatte den Knaben dann und wann gesehen. Er fiel durch sein langes Lockenhaar auf, wenn er an seines Vaters Hand, in seinen großen Schuhen, rüstig durch die Straßen stapfte... In musikalischen Kreisen hatte ich von den außerordentlichen Fähigkeiten des Knaben gehört, ihn in der Singakademie und in Zelters Freitagsmusiken gesehen, auch in einer Sing-

Singabend bei Anton Friedrich Justus Thibaut. Felix Mendelssohn verkehrte auch im Hause des Berliner Rechtsgelehrten und Musikliebhabers Thibaut, wo er an den Singabenden teilnahm. Felix wusste Thibaut für seine Idee zu begeistern, die Matthäus-Passion in der Singakademie aufzuführen, das erste Mal seit 100 Jahren. Es wurde zum beispiellosen Erfolg.

Felix Mendelssohn Bartholdy um 1829. Gemälde von James Warren Childe. Mendelssohn kam im April 1829 zum ersten Male nach England. Er war für einen Zwanzigjährigen schon weit herumgekommen. Zweimal war er in Paris gewesen, einmal in der Schweiz, wo es ihm das Jodeln besonders angetan hatte. Zudem kam, daß er Berlin nie besonders geschätzt hatte.

teegesellschaft getroffen, wo er unter den Erwachsenen in seinem Kinderanzuge, dem sogenannten Habit, stand: einer am Halse weit ausgeschnittenen engen Jacke, über welche das weite Beinkleid geknöpft war. In dessen eingeschnittene Taschen hatte der Kleine gern die Hände gesteckt und wiegte den Lockenkopf seitwärts hin und her, wobei er unruhig von einem Fuß auf den andern trat. Mit fast ganz zugelegten Augenlidern, zwischen denen die braunen Augen hervorblitzten, stieß er seine Antworten auf die neugierig prüfenden Fragen – wie man sie an Wunderkinder zu richten pflegt – mit anstoßender Zunge, fast trotzig hervor. [Wie sein Großvater Moses stotterte er ein wenig.]

Bei dem Reichtum, den man Felix' Vater zuschrieb, mußte die Einrichtung der Wohnung fast gesucht einfach erscheinen. Tapeten und Möbel waren sehr bescheiden... Bei den Musikproben saßen wir um den großen Eßtisch nahe beim Flügel, an dem auf einem hohen Kissen Felix saß und unbefangen, ernsthaft eifrig uns dirigierte und meisterte, so, als ob er ein Knabenspiel mit seinen Kameraden vorhätte. Daß so viele erwachsene Personen um seine Kompositionen sich bemühten, schien ihn gar nicht eitel zu machen. Ihm war es nur um die Musik zu tun, und er nahm an, daß wir dasselbe wollten. Schon am ersten Abend fiel mir auf, daß das Persönliche, Eitle bei Felix sehr schwach, dagegen das Verlangen zu erfahren, zu lernen, zu prüfen, um der Sache willen weiterzukommen, entschieden vorherrschend war. Wenn die Sache durchgeprobt war,

hatte er keine andere Sorge, als die Notenblätter sorgsam zusammenzusuchen und in Ordnung zu legen, bevor er auf unsere lobende Ansprache hörte, die er artig annahm, aber gern ablenkte auf Einzelheiten der Ausführung, indem er Fragen stellte oder manches berichtigte...›

Als Erwachsener wird Felix von seinen Freunden so beschrieben:

‹Klein und schlank gebaut, von geschmeidiger Gestalt, sehr behend und lebhaft, mit beweglichem Gesicht, voll von Heiterkeit und Leben. Er hatte schwarzes, dichtes, sehr feines Haar, einen ausdrucksvollen feinen Mund, weiße regelmäßige Zähne und große dunkelbraune Augen. Er lachte oft und herzlich und hatte einen sehr entwickelten Sinn für das Komische. Wenn ihn etwas besonders belustigte, konnte er sich förmlich vor Lachen krümmen und schüttelte dann seine Hand in einer eigentümlichen Weise, um seiner Lustigkeit Nachdruck zu geben.
Bei lebhafter Zustimmung nickte er heftig mit dem Kopf, so daß ihm das Haar ins Gesicht fiel. Die Hände waren klein mit spitzigen Fingern. Auf den Tasten er-

Die entscheidende Begegnung mit dem Werk Johann Sebastian Bachs war die Wiedererweckung der Matthäus-Passion, die Felix Mendelssohn als Zwanzigjähriger durchgesetzt hatte. Für Mendelssohn hatte diese Beschäftigung mit Bach eine starke künstlerische Auswirkung.

Niccolò Paganini. Der berühmte italienische Geiger nach einer Zeichnung von J. A. D. Ingres. Zu den Bewunderern von Mendelssohns «Italienischer Symphonie» gehörte auch Niccolò Paganini. Er war in Berlin oft Gast von Mendelssohns Konzerten. Als er Mendelssohn in London als Pianisten hörte, lud er ihn ein, Beethovens Violin-Sonaten mit ihm zu spielen.

Felix Mendelssohn in London. Stahlstich um 1836. «Ich bin konfus und verdreht! London ist das grandioseste und komplizierteste Ungeheuer, das die Welt trägt», schrieb der junge Mendelssohn nach Berlin. Sein Jugendfreund, Karl Klingemann, nahm sich seiner in London an. Rasch fand er Zugang zur besten Gesellschaft.

Florenz. Aquarell von Felix Mendelssohn Bartholdy von 1830. Sein Vater hatte Wert darauf gelegt, daß auch das zeichnerische Talent ausgebildet wurde. Von den Reisen von Felix sind zahlreiche Landschaftsskizzen erhalten. Den musikalischen Ertrag seiner Italienreise schätzte er nicht sehr hoch ein. Er schimpfte über die «Katzenmusik italienischer Orchester».

schienen sie fast wie selbständige und intelligente Wesen, voll Leben und Gefühl.›

Felix besaß ein ausgeprägtes Rechtsgefühl. Einmal hatte sein kleiner Bruder Paul einen lebenden Fisch geschenkt bekommen, den er sich braten lassen wollte. «Wenn du ein ordentlicher Junge wärst, so trügst du ihn gleich wieder ins Wasser», ereiferte sich Felix. – «Paul kann mit dem Geschenk machen, was er will», meinte die Mutter. Aber Felix gab nicht nach, bis der Vater entschied: «Paul, wirf den Fisch ins Wasser. Du hast kein Recht auf sein Leben, denn du bist kein Fischer. Aus Vergnügen oder um eines Gelüstes willen, tötet man kein Tier.» – Und Felix faßte Paul an der Hand, lief mit ihm zum Graben, und dort mußte der Kleine den zappelnden Fisch aus dem Glas befreien und ins Wasser werfen.

«Sie sollten erst einmal meine Schwester Fanny hören!» sagte Felix, wenn ihn jemand wegen seines guten Klavierspiels lobte. Von seinen Geschwistern war ihm Fanny das liebste. Wie ihr Großvater Moses Mendelssohn hatte Fanny einen kleinen Buckel, aber in einem schönen Gesicht leuchtende schwarze Augen. Sie war ebenfalls sehr musikalisch. Doch der Vater war gegen das öffentliche Auftreten seiner Tochter. Nur in den Hauskonzerten ließ er sie gelten. In einem Brief ermahnte er sie einmal:

‹Du mußt beständiger und gefaßter werden und Dich ernsthafter und eifriger auf

Skizze zur Schottischen Symphonie vom 30. Juli 1829. Werke wie die «Schottische Symphonie» wären ohne die Schottland-Reise Mendelssohns nie geschrieben worden. Mit seinem Freund Klingemann bereiste er das schottische Hochland, bestaunte das technische Wunder eines Eisenbahntunnels, sah die Licht- und Schattenseiten der industriellen Revolution, die erbärmliche Kinderarbeit in den Spinnereien, unterhielt sich mit Waliser Bergmännern.

Deine wahre Berufung vorbereiten, die einzige Berufung einer jungen Frau – ich meine, den Stand der Hausfrau.›

Fanny dachte aber kaum an ihren eigenen Erfolg. Als Felix dreizehn Jahre alt war, schrieb die um vier Jahre ältere Schwester über ihn:

‹Bis zum jetzigen Zeitpunkte besitze ich sein uneingeschränktes Vertrauen. Ich habe sein Talent sich Schritt für Schritt entwickeln sehen und selbst gewissermaßen zu seiner musikalischen Ausbildung beigetragen. Er hat keinen musikalischen Ratgeber als mich, auch sendet er nie einen Gedanken aufs Papier, ohne ihn mir vorher zur Prüfung vorgelegt zu haben. So habe ich zum Beispiel seine Opern auswendig gewußt, noch ehe eine Note aufgeschrieben war.›

Fanny und Felix dachten und fühlten ähnlich. Sie waren einander mehr als Geschwister; sie waren Freunde. Auch später, als sie an verschiedenen Orten wohnten, blieben sie durch unzählige Briefe miteinander verbunden.
Fanny starb am 14. Mai 1874. Als Felix die Nachricht von ihrem Tod bekam, brach er bewußtlos zusammen. Er hatte nicht die Kraft, zur Beerdigung nach Berlin zu fahren. Aber kurz darauf komponierte er das Streichquartett in f-moll. Es war ein Requiem für seine geliebte Schwester.
Er schrieb es ein halbes Jahr vor seinem eigenen Tod.

Die Leipziger Wohnstube, wie sie Felix Mendelssohn selbst gezeichnet hat. 1835 war der Ruf an ihn ergangen, die Leitung des Gewandhausorchesters zu übernehmen. Mendelssohn forderte je 600 Taler für die beiden ersten Jahre und 1000 Taler für die folgenden, sowie einen Sommerurlaub von sechs Monaten. Seine Forderungen wurden bewilligt. So zog Mendelssohn mit seiner Familie nach Leipzig.

Kein Kind seit Mozart hat mehr komponiert als Felix. Mit elf Jahren begann er über seine Kompositionen Buch zu führen. Er schrieb sie mit Datum und Ort in einer sauberen Schrift in ein Notizbuch. Es waren bereits sechzig Werke. Als Zwölfjähriger komponierte er fünf Streichquartette, eine Motette und zwei einaktige Opern und mit dreizehn sechs Symphonien, fünf Konzerte und eine dreiaktige Oper mit dem Titel ‹Der Onkel aus Boston›. Es waren noch keine Meisterwerke, aber alle zeigten seinen ausgeprägten Sinn für Form.
Carl Friedrich Zelter, sein Lehrer, liebte die Musik Bachs, der im Jahr 1750 gestorben war. Bachs Kompositionen wurden nur noch selten gespielt. Zelter besaß ein

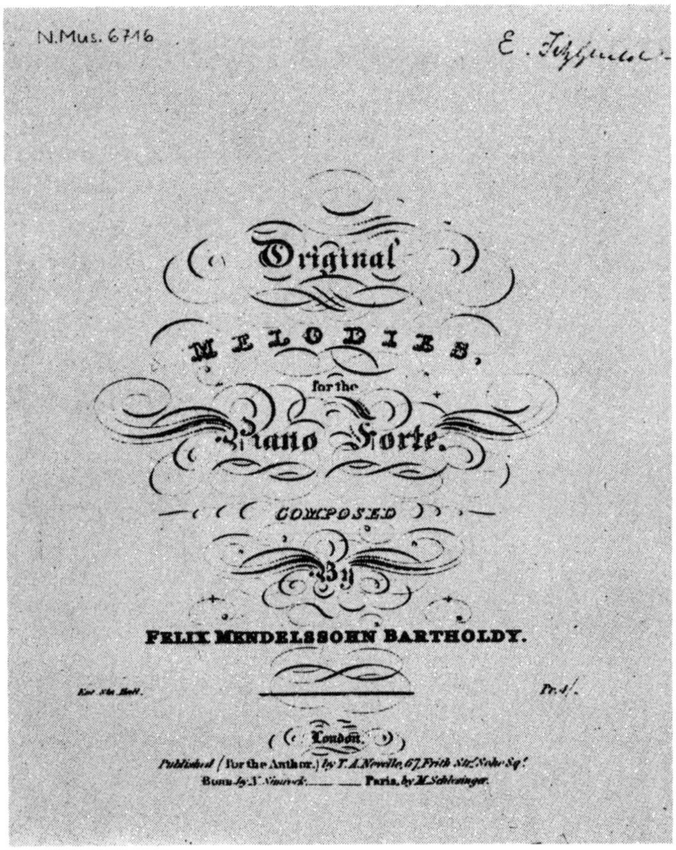

Lieder ohne Worte. Titelblatt der Erstausgabe von 1832. Dieses in London erstmals erschienene Werk schließt bewußt an Beethoven an. Mendelssohn selbst schätzte seine «Klaviersachen» nicht allzuhoch ein, obschon er damit einen großen Erfolg hatte.

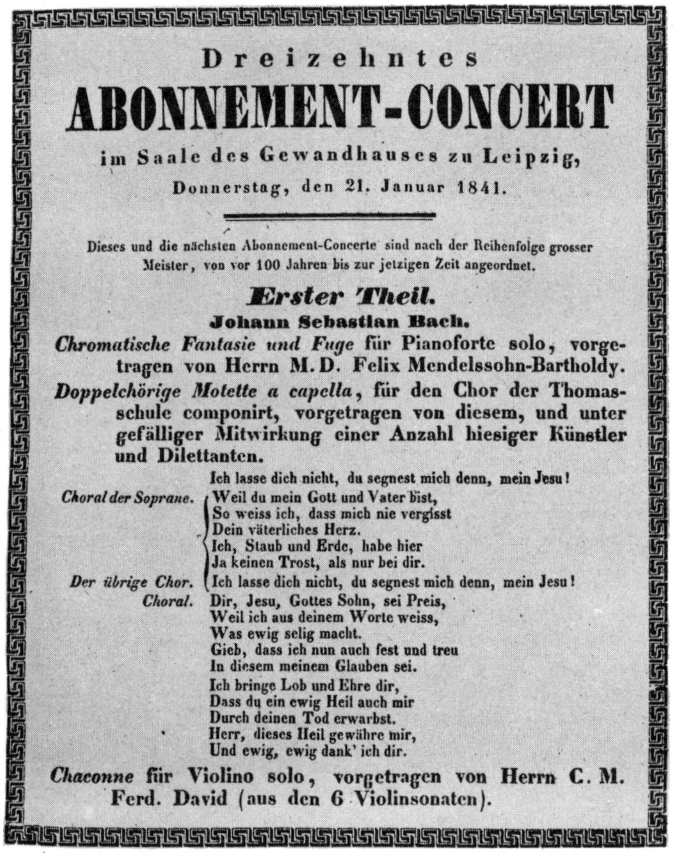
Dreizehntes

ABONNEMENT-CONCERT

im Saale des Gewandhauses zu Leipzig,
Donnerstag, den 21. Januar 1841.

Dieses und die nächsten Abonnement-Concerte sind nach der Reihenfolge grosser Meister, von vor 100 Jahren bis zur jetzigen Zeit angeordnet.

Erster Theil.

Johann Sebastian Bach.

Chromatische Fantasie und Fuge für Pianoforte solo, vorgetragen von Herrn M. D. Felix Mendelssohn-Bartholdy.

Doppelchörige Motette a capella, für den Chor der Thomasschule componirt, vorgetragen von diesem, und unter gefälliger Mitwirkung einer Anzahl hiesiger Künstler und Dilettanten.

Ich lasse dich nicht, du segnest mich denn, mein Jesu!
Choral der Soprane. Weil du mein Gott und Vater bist,
So weiss ich, dass mich nie vergisst
Dein väterliches Herz.
Ich, Staub und Erde, habe hier
Ja keinen Trost, als nur bei dir.
Der übrige Chor. Ich lasse dich nicht, du segnest mich denn, mein Jesu!
Choral. Dir, Jesu, Gottes Sohn, sei Preis,
Weil ich aus deinem Worte weiss,
Was ewig selig macht.
Gieb, dass ich nun auch fest und treu
In diesem meinem Glauben sei.
Ich bringe Lob und Ehre dir,
Dass du ein ewig Heil auch mir
Durch deinen Tod erwarbst.
Herr, dieses Heil gewähre mir,
Und ewig, ewig dank' ich dir.

Chaconne für Violino solo, vorgetragen von Herrn C. M. Ferd. David (aus den 6 Violinsonaten).

Programm zur Eröffnung des 2. Zyklus «Historischer Konzerte im Gewandhaus zu Leipzig», 1841. Ein neues Kapitel in der Geschichte der Leipziger Gewandhaus-Konzerte wurde mit dem Wirken von Felix Mendelssohn aufgeschlagen. Man rühmte ihn als Dirigenten. «Mendelssohns feuriges Auge übersah und beherrschte das ganze Orchester.»

Manuskript der Matthäuspassion. Zu seinem 14. Geburtstag wünschte sich Felix eine Abschrift davon. Mit einem kleinen Chor und Orchester übte er die Passion ein. Er hätte sie gerne nicht nur zu Hause, sondern öffentlich aufgeführt, aber niemand interessierte sich dafür. Erst fünf Jahre später, am 11. März 1829, fand eine Aufführung unter seiner Leitung statt. Damit brachte er seiner Zeit Bachs große christliche Musik wieder nahe. Die Zuhörer waren begeistert.

Als Felix mit fünfzehn Jahren seine erste große Symphonie Nr 1 in C (opus 11) komponierte, begriff der Vater, daß sich Felix weder zum Bankier noch zu einem andern Beruf eignete. Aber wenn er nun nichts anderes als Musiker werden wollte,

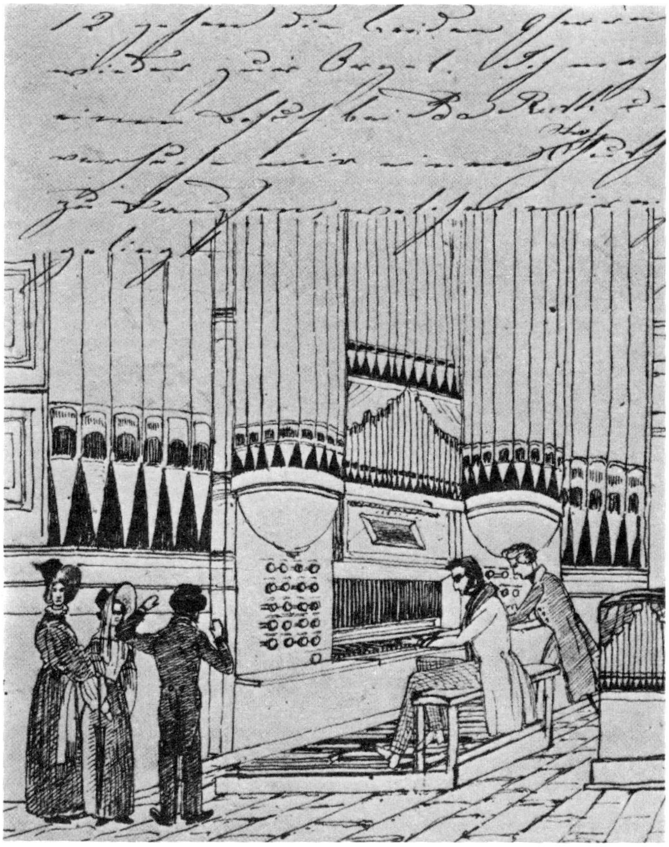

Ein Blatt aus dem Hochzeits-Tagebuch von Cécile und Felix Mendelssohn. Felix hatte die 18jährige Cécile Jeanrenaud bei seiner Chor-Arbeit in Frankfurt kennengelernt. Die frühverwitwete Mutter von Cécile war offenbar eine so attraktive Frau, daß die Nachbarn nicht sicher waren, ob Felix Mendelssohn um die Mutter oder um die Tochter warb.

Partitur des Chores «Die Frauen und die Sänger» mit dem Text von Friedrich Schiller in der Handschrift von Felix Mendelssohn. Er hat mit Vorliebe Texte deutscher Dichter vertont. So Lenaus «Schilflied», Eichendorffs «Waldschloß», Höltys «Hexenlied», Heines «Neue Liebe».

so sollte er auch die beste Ausbildung bekommen. Er nahm Felix mit nach Paris und ließ ihn berühmten Musikern vorspielen.
Luigi Cherubini, ein gefeierter Komponist und Leiter des Pariser Konservatoriums, sagte:

«Dieser Junge ist begabt; er wird Erfolg haben. Er hat schon jetzt Erfolg.»

Nach der Pariser Reise zog die Familie Mendelssohn-Bartholdy in ein größeres und schöneres Haus um. Es hatte einen Park mit einem Gartenhaus darin, in dem nun im Sommer die Musikeinladungen stattfanden. Felix liebte das Haus und besonders seinen Garten. Er inspirierte ihn zu seinem ersten Meisterwerk, das Oktett in Es.
Fanny schrieb darüber:

‹Mir allein sagte er, was ihm vorgeschwebt. Das ganze Stück wird staccato und pianissimo vorgetragen, die einzelnen Tremolando-Schauer, die leicht aufblitzenden Pralltriller, alles ist neu, fremd und doch so ansprechend, so befreundet, man fühlt sich so nahe der Geisterwelt, so leicht in die Lüfte gehoben…›

Das Oktett blieb lange Felix' Lieblingswerk. Immer wieder erinnerte es ihn an die herrliche Zeit, in der er es geschrieben hatte. Daß es von einem sechzehnjährigen Jungen komponiert wurde, gehört zu den großen Ereignissen in der Musikgeschichte.
Ein Jahr darauf schuf Felix sein berühmtestes Werk, die Ouverture zu Shakespeares Stück ‹Sommernachtstraum›. Sie wurde bei einer Sonntagsmusik im Gartenhaus aufgeführt. Einer der Zuhörer sagte: «Hier beginnt eine neue Musik!»
Über diese Ouverture wurde in Musikkreisen soviel gesprochen, daß Felix nun von allen Seiten eingeladen wurde, sie öffentlich zu dirigieren.

Cécile, die Gattin von Felix Mendelssohn. Felix war von der schönen blauäugigen Sopranistin sofort beeindruckt. «Sie ist», schreibt seine Schwester Fanny, «ein so liebenswürdiges, kindhaft unbefangenes, immer gleich und heiter gestimmtes Wesen, daß ich Felix nur glücklich preisen kann, sie gefunden zu haben.»

Felix Mendelssohn nach einer Zeichnung seines späteren Schwagers Wilhelm Hensel. Um 1840 war Mendelssohn schon drei Jahre verheiratet und Vater von zwei Kindern. 1838 war Carl, 1839 Marie zur Welt gekommen. Diesen beiden folgten 1841 Paul, 1843 Felix und 1845 Lili.

Andante espressivo.

‹Felix› heißt ‹der Glückliche›. So wurde er auch hin und wieder von seinen Zeitgenossen genannt. Viele bewunderten und viele beneideten ihn.
Beinahe alles, was Felix unternahm, gelang ihm und brachte ihm auch Erfolg. Nur sein Wunsch, eine gute Oper zu schreiben, erfüllte sich nicht. ‹Die Hochzeit des Camacho›, eine Oper, die Felix mit siebzehn Jahren komponiert hatte, wurde am 29. April 1827 in Berlin uraufgeführt, zwei Monate nach der öffentlichen Aufführung der Sommernachtstraum-Ouverture. Schon nach dem ersten Akt wurden die Zuhörer unruhig. Felix verließ das Theater, noch bevor der letzte Vorhang fiel. Die Oper wurde vom Spielplan abgesetzt und ist seither nie wieder aufgeführt worden.
Felix bekam zu spüren, daß sein Erfolg nicht allen Menschen paßte. Oder war es seine jüdische Abstammung? Das königliche Orchester wollte sich in einem öffentlichen Konzert nicht von ihm dirigieren lassen und ein Musikkritiker, der in Berlin zu Besuch war, meinte geringschätzig: «Mendelssohn? Ja, gewiß, als Junge hatte er Talent.»
Der Vater beschloß, Felix reisen zu lassen. Im April 1829 kam Felix zum ersten Mal nach England. Er war begeistert:

‹London ist das grandioseste und komplizierteste Ungeheuer, das die Welt trägt!... Im letzten halben Jahr in Berlin habe ich nicht so viele Kontraste und so viel Verschiedenes gesehen als in den drei Tagen. Aber geht nur einmal von meiner Wohnung rechts ab Regent Street hinunter, seht die glänzende, breite, mit Säulenhallen besetzte Straße (leider liegt sie heut schon wieder im dicken Nebel) und seht die Läden mit mannshohen Inschriften und die stage coaches, auf denen die Menschen sich auftürmen... Die Bettler und die Mohren und die dicken John Bulls mit ihren schlanken, schönen zwei Töchtern an den Armen. Ach, diese Töchter!...›

Felix ließ sich nach der letzten englischen Mode kleiden und wurde von dem jungen deutschen Diplomaten Karl Klingemann in die vornehme Gesellschaft eingeführt. In einer englischen Musikzeitschrift stand zu lesen:

‹Eine weitere Neuerscheinung in London ist der junge Mr. Mendelssohn, Sohn

«Die Familie Mendelssohn in Bad Soden, Taunus.» Federzeichnung von Felix Mendelssohn. Auf dem Sopha er selbst mit Cécile, sowie vier seiner Kinder. In Bad Soden verbrachte Mendelssohn gerne seine Ferien und genoß hier das einfache Leben «ohne Frack, ohne Klavier, ohne Visitenkarten.»

Felix Mendelssohns Arbeitszimmer in Leipzig, nach einem Aquarell von Ferdinand Schiertz. Mendelssohn lebte von 1835 bis 1843 in Leipzig. Hier entstanden u. a. die Symphonie B-dur, die Schottische Symphonie, die Italienische Symphonie sowie zahlreiche Klavier- und Violin-Konzerte, Streichquartette und Klaviersonaten.

eines reichen Berliner Bankiers und, soviel ich weiß, Enkel des berühmten jüdischen Philosophen und hervorragenden Schriftstellers. Er ist einer der besten Pianisten Londons und steht in dem Ruf, von der Musik mehr zu verstehen, als die meisten Professoren.›

Am 25. Mai 1829 dirigierte Felix das berühmte ‹Philharmonic Society Orchester›. Es spielte seine erste Symphonie, die er mit fünfzehn Jahren komponiert hatte. Das Publikum war beeindruckt, der Beifall stürmisch.

Nach einigen Konzerten, in denen Felix nicht nur dirigierte, sondern auch als Pianist auftrat, hatte er London buchstäblich erobert. Die größte Wirkung auf die Zu-

hörer hatte seine Sommernachts-Ouverture. Aber auf den Programmen standen nicht nur seine eigenen Werke, sondern auch die anderer Komponisten. Felix dirigierte noch nicht zwanzigjährig alle Symphonien Beethovens auswendig.
Felix wurde von der Musikwelt Londons als Meistermusiker, als Halbgott gefeiert. Sein Aufenthalt, der auf vier Monate geplant war, dauerte ein halbes Jahr. London war für ihn eine zweite Heimat geworden, in die er immer wieder zurückkehrte. Für seine Konzerte in England ließ er sich eigens einen weißen Taktstock schnitzen.
Nach seiner Rückkehr hielt es ihn nicht lange in Berlin. Er fuhr für ein halbes Jahr nach Italien. Unterwegs besuchte er zum letztenmal den 82jährigen Goethe, der ihm zum Abschied ein Manuskriptblatt aus ‹Faust› schenkte und darauf schrieb:

‹Dem lieben jungen Freund F.M.B., kräftig zartem Beherrscher des Pianos, zur freundlichen Erinnerung froher Maitage 1830. J.W. Goethe.›

Aus dem hübschen Wunderkind war nicht nur ein junger Mann, sondern auch ein anerkannter Musiker geworden. Wo er auf seinen vielen Reisen hinkam, wurde er gefeiert.
Bis zu seinem Tode war er von rastloser Tätigkeit erfüllt. In Düsseldorf wurde er Theater- und Musikdirektor, in Leipzig gründete er das Konservatorium und dirigierte das bekannte Gewandhausorchester. Neben der öffentlichen Tätigkeit,

Thomaskirche und Schule in Leipzig. Blick von Mendelssohns Wohnung in Lurgensteins Garten und das von Mendelssohn am 6. August 1840 gestiftete Bach-Denkmal. Bleistiftzeichnung von Felix Mendelssohn-Bartholdy, 1843.

Felix Mendelssohns letzte Wohnung in der Königstraße zu Leipzig. Durch Mendelssohn gewann Leipzig große Anziehung auf Musiker. Chopin kam, Liszts Ankunft verursachte Aufregung, auch Berlioz trat hier in zwei Konzerten auf. Mendelssohns bleibender Beitrag zum Leipziger Musikleben war aber das Konservatorium, das er 1843 begründet hatte.

schuf er unaufhörlich neue Werke, Symphonien, Orgelstücke, Violin- und Klavierkonzerte, Kammermusik, Oratorien, Lieder. Es sind mehr als zweihundert Kompositionen. Zweiundsiebzig wurden während seiner Lebzeit veröffentlicht. Opus 72, noch von ihm selbst dirigiert, sind sechs Kinderstücke, die in England ‹Christmas pieces›, Weihnachtsstücke, genannt werden.

Felix verheiratete sich 1837 mit Cécile Jeanrenaud, einer Pfarrerstochter aus Neuenburg. Sie gebar ihm fünf Kinder. Als Felix Mendelssohn-Bartholdy starb, war sein ältester Junge Carl neun Jahre alt, er selbst achtunddreißig. Seine letzte Komposition ist das Nachtlied von Eichendorff. Er schrieb es im Oktober 1847, einen Monat vor seinem Tod.

‹Vergangen ist der lichte Tag,
Von ferne kommt der Glocken Schlag.
So reist die Zeit die ganze Nacht,
Nimmt manchen mit, der's nicht gedacht.›

Die Trauerfeier für Felix Mendelssohn-Bartholdy in der Paulinerkirche in Leipzig 1847. Mendelssohn hatte bei einem Besuch bei einer befreundeten Sopranistin einen Schlaganfall erlitten, von dem er sich nicht erholte. Er starb am 4. November 1847 im Alter von nur achtunddreißig Jahren. Die Nachricht von seinem Tode traf Leipzig wie ein Schlag. «Man hat das Gefühl, es sei ein König gestorben», sagte ein junger englischer Schüler des Konservatoriums.

Der Kronprinz

Friedrich der Große
1712–1786

Am 24. Januar im Jahre 1712 erfuhren die Einwohner der Stadt Berlin durch Glokkengeläute und Kanonenschüsse, daß im Schloß ihres Königs ein Prinz geboren war. Nach seinem Großvater wurde das Kind Friedrich – Fritz – genannt.
Der Großvater freute sich über die Geburt des Enkels. Der Oberhofzeremonienmeister berichtete darüber:

‹Sonntags Morgens nach der Predigt, in der man um eine glückliche Genesung der Kronprinzessin gebetet hatte, gebar sie zwischen elf und zwölf Uhr ihren dritten Prinzen. Seine Majestät hatte sich eben an die Tafel gesetzt, als ihm der königliche Leibmedicus die fröhliche Nachricht von der Geburt eines Enkels brachte. Seine Majestät war darüber so aufgeregt, daß er sich mit Tränen in den Augen zur Kronprinzessin herübertragen ließ und danach auch nichts mehr essen konnte.›

Glücklich über die Geburt waren auch die Eltern, der Kronprinz und die Kronprinzessin. Von drei Kindern, die vor Friedrich zur Welt gekommen waren, lebte nur noch das Älteste, ein Mädchen, Prinzessin

Friedrich der Große. Porträt von Johann Heinrich Franke. Das Bild zeigt den Preußen-König zu einer Zeit, als er sich immer mehr in sein Schlößchen Sanssouci zurückzog und sich den Künsten, den Wissenschaften und dem gesellschaftlichen Leben widmete.

Wilhelmine. Zwei Knaben waren kurz nach der Geburt gestorben. Aber Fritz war kräftig und gesund. Eine Woche nach seinem Geburtstag wurde er getauft.

‹Die Glocken läuteten eine volle Stunde. Das Kind trug ein silbergewirktes, mit Brillanten besetztes Kleid. Die Schleppe des Kleides wurde von sechs Gräfinnen gehalten. Auf dem Taufkissen, über dem Haupt des Täuflings, lag eine goldene Krone. Der Großvater, der König, erwartete den Täufling vor einem goldenen Taufbecken. Er stand unter einem prächtigen Baldachin, dessen vier Stangen von vier Kämmerern und dessen Seidenquasten von vier Rittern gehalten wurden.›

Der Täufling bekam nicht nur einen Paten und eine Patin, sondern gleich mehrere. Es waren Kaiser Karl der IV., Zar Peter der Große, die Kaiserin Wilhelmine, die Kurfürstin Sophie-Dorothea und andere. Sogar der Kanton Bern hatte Patenschaft übernommen.

Als Friedrich ein Jahr alt war, starb der Großvater. Er wurde Kronprinz und sein Vater König.

Der neue König war das Gegenteil seines Vorgängers, nämlich streng und sparsam. Er stand früh auf, war fleißig und konnte Faulenzer nicht ausstehen. Das Volk fürchtete ihn. Wenn der König in seiner Kutsche durch Berlin fuhr, stoben die schwatzenden Leute auf der Straße auseinander. Es war nämlich vorgekommen, daß der junge König Nichtstuer eigenhändig mit seinem Stock verscheucht hatte.

Das einzige, wofür der König gern und viel Geld ausgab, war für seine Soldaten. Er besaß ein Regiment, in dem nur ‹Riesen› aufgenommen wurden. Er ließ sie in ganz Europa zusammensuchen. Die neuen Rekruten wurden vom König persönlich gemessen und je länger sie waren, um so mehr Freude machten sie ihm. Er kleidete die Männer in blaue Uniformen und nannte sie seine ‹lieben Kinder›.

Ein Schriftsteller aus jener Zeit, der in Berlin einen Besuch machte, schrieb darüber:

‹Ich sehe hier einen Königshof, der außer seinen Soldaten nicht viel Prächtiges zu bieten hat. Schauspiele sieht man in Berlin gar nicht, es sei denn, man verstehe darunter die ‹langen Kerls›, die täglich auf die Parade ziehen. Wenn sie ihre Waffen-

Das königliche Schloß in Berlin. Der Hof wurde unter Friedrich Wilhelm I. nicht glanzvoll geführt. Der König brachte seine Freizeit lieber auf großen Jagden und im «Tabakskollegium» zu, als auf Konzerten und prunkvollen Anläßen. Sein Prinzip war es, daß «ein Regent, der mit Honneur in der Welt regieren will, seine Affairen alle selbst tun» müsse.

übungen machen, wenn sie Feuer geben oder auf- und abmarschieren, so sieht es aus, als ob sie zusammen nur ein Körper wären.›

Friedrich bekam schon als kleiner Junge eine Uniform und mußte sie anziehen, wenn er sich in der Öffentlichkeit zeigte. Die militärische Erziehung schien dem Vater das Wichtigste.

‹Die Erzieher haben sich angelegen sein zu lassen, meinem Sohn die wahre Liebe zum Soldatenstande einzuprägen, und ihn zu lehren, daß es nichts auf der Welt gibt, was einem Prinzen mehr Ruhm und Ehre zu geben vermag, als der Degen. Ein Prinz, der die Waffe nicht liebt, wird von der Welt ein verachteter Mensch sein.›

Die Taufe des Prinzen Friedrich. Als der Leibmedicus des Königs, die Nachricht von der Geburt des Thronfolgers dem Großvater mitteilte, saß dieser gerade bei der Tafel. Er ließ sich zur Kronprinzessin hinübertragen und konnte danach nichts mehr essen, berichtete der Chronist.

Friedrichs Spielsachen waren Bleisoldaten, Gewehre, Trommeln, Fahnen und kleine Kanonen. Mit fünf Jahren mußte er die 54 Bewegungen des preußischen Exerzierreglementes lernen. Aber im Grunde spielte er viel lieber mit den Puppen seiner um drei Jahre älteren Schwester Wilhelmine, ließ sich Geschichten vorlesen oder hörte im Salon seiner Mutter den Musikanten zu. Für solch ‹unnützes Zeug› hatte der Vater gar nichts übrig. Zum Glück merkte er lange nicht, daß der kleine Fritz von seiner Mutter und einer französischen Gouvernante nicht nur in seinem Sinn erzogen wurde. Die Mutter liebte die Kunst und auch Friedrichs erster Lehrer war ein Verehrer alles Schönen. Er hieß Duhan und kam aus Frankreich. Der Kronprinz lernte gleichzeitig deutsch und französisch.
‹Lebensweise eines Prinzen von hoher Geburt› heißt ein französischer Aufsatz des Achtjährigen:

‹Man muß das Herz auf dem rechten Fleck haben, muß Gott fürchten, nicht auf eine Weise wie die Leute, die es für Geld tun, nicht für diese Welt. Man muß seinen Vater und seine Mutter lieben. Man muß

König Friedrich Wilhelm I. von Preußen, der Vater Friedrichs des Großen. Friedrich Wilhelm I. war im Gegensatz zu seinem Vater ein äußerst sparsamer Regent. Von den 100 Kammerherren seines Vaters behielt er nur zwölf. Er schränkte auch seine eigenen Ausgaben stark ein und wurde so zum strengsten aller preußischen Könige.

dankbar sein. Man muß Gott von ganzem Herzen lieben, denn wenn man ihn liebt, tut man alles, um ihm Freude zu bereiten... Man muß Jesus Christus danken für die Güte, die er gehabt hat, sich für uns arme Sünder kreuzigen zu lassen. Man darf niemals die reformierte Religion abschwören... Man darf eine Sache nicht zu sehr lieben, man muß gefällig und höflich sein, mit allen Leuten reden. Wenn man weiß, was richtig ist und tut es nicht, so ist es eine Sünde. Man muß tun, wie in den zehn Geboten steht: nicht stehlen, sich nicht schmutzig machen und immer denken, alles Gute, was ich tue, kommt von Gott. Man muß an nichts Böses denken; alles Böse, was uns in den Sinn kommt, das kommt vom Teufel...›

Königin Sophie Dorothea, die Mutter Friedrichs des Großen. Sie stammte aus dem Hause Hannover, das als «Dynastie der klugen Frauen» bekannt war. Neben der Literatur galt ihre besondere Neigung der Musik. Als Gattin des sparsamen Monarchen, den sie bisweilen den «Bettlerkönig» nannte, konnte sie ihre Neigungen jedoch nicht entfalten.

Der Vater, der alle Aufsätze seines Sohnes las, war mit dieser Arbeit sicher zufrieden. Ob der Prinz sie allein und aus sich selber geschrieben hatte? Oder wollten seine Lehrer mit solchen Arbeiten den König bei guter Laune erhalten? Er war jähzornig. Friedrich hatte Angst vor seinem Vater. Es war besser ihn nicht zu reizen und ihm immer das zu sagen, was er hören wollte. Die Mutter machte es auch nicht anders.

Zum Glück war der König oft unterwegs. Dann konnte man zu Hause tun und lassen, was man wollte. Aber in den Briefen der Königin an den Herrn Gemahl hieß es:

‹Ich lasse alle Tage die Kanone abfeuern, damit Fritz sich daran gewöhnt...›

‹Fritz sagt, daß er mit der großen Kanone, die im Zeughaus ist, dem Papa nachreisen und ihm helfen will, den König von Schweden zu töten…›

‹Ich lasse Fritz mit einer kleinen Kanone schießen…›

‹Heute nachmittag sah ich Fritz zu Pferde, was ich seit langem nicht gesehen hatte…›

‹Ich hoffe sehr, daß Sie ihn, wenn Sie ihn wiedersehen, nicht mehr so feig finden werden…›

Friedrich war anders als der Vater es sich wünschte. Waren daran nicht auch seine Erzieher schuld? Die Briefe der Königin sollten sein Mißtrauen beschwichtigen. Der König schien sich trotzdem Sorgen zu machen. Einmal zeigte er mit dem Finger auf seinen Sohn und sagte dabei zu einem Minister:

‹Ich möchte wohl wissen, was in diesem kleinen Kopf vorgeht. Ich weiß, daß er nicht so denkt wie ich. Es gibt Leute, die ihm andere Gesinnungen beibringen: das sind Schufte!›

Im Grunde wußten beide – Vater und Sohn – schon früh, daß sie verschieden waren, zwei Naturen, die sich feindlich gegenüberstehen mußten. Doch der König war überzeugt, eine strenge Erziehung würde den Willen des Sohnes brechen. Er gab genaue Instruktionen:

Prinz Friedrich mit seiner Lieblingsschwester Wilhelmine. Die ersten Lebensjahre verbrachte Friedrich unter der Obhut einer französischen Gouvernante und seiner Mutter. Aber der König entzog den Prinzen rasch dem «Weiberregiment», und setzte Offiziere als Erzieher seines Sohnes ein.

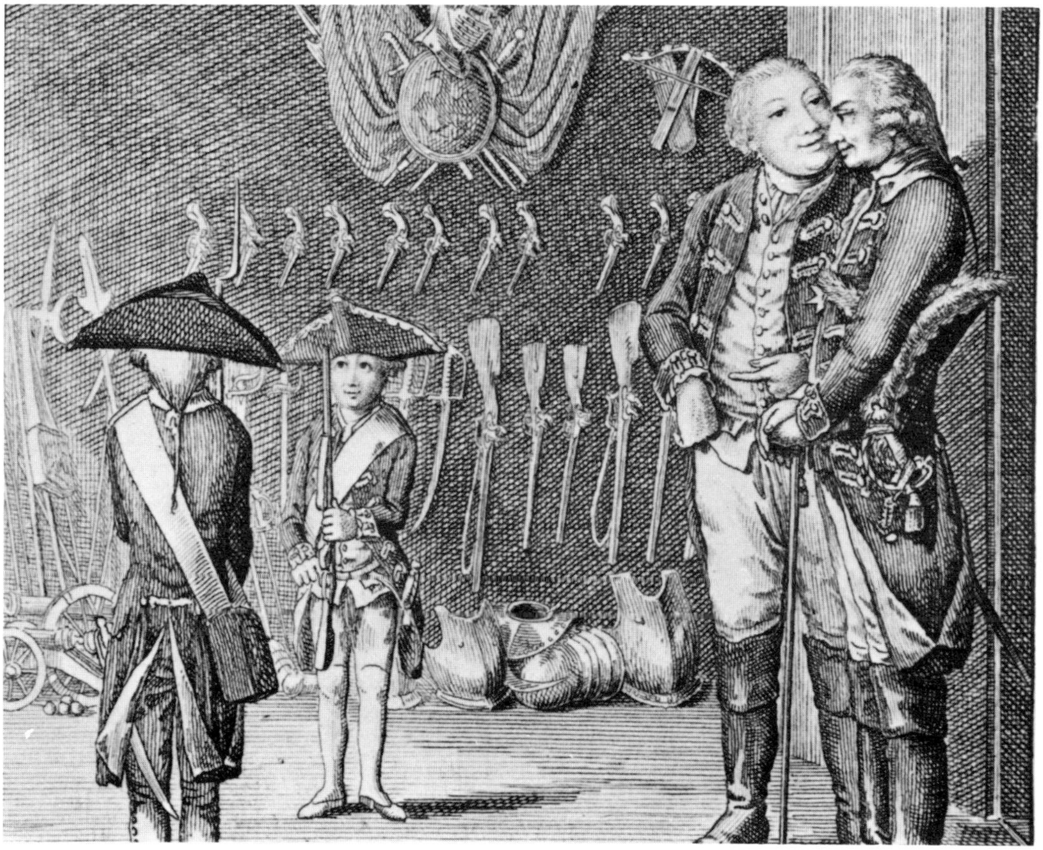

Kronprinz Friedrich in seinem «Spielzimmer». Der König wollte seine Preußen nur immer an der Arbeit sehen. Und die Arbeit eines Kronprinzen war die militärische Ausbildung. Dazu kam noch ein wenig Rechenkunst und Ökonomie. Sein Vater forderte von den Erziehern des Kronprinzen, ihm «die wahre Liebe zum Soldatenstand» einzuprägen.

Friedrich der Große als Kronprinz. Die Erziehung, der sich Friedrich zu unterziehen hatte, war streng. Ein Beobachter des Hofes sagte: «Man hält diesen Prinzen unter einer scharfen Zucht, und es sind wohl wenig Königskinder in der Welt, denen so durch den Sinn gefahren und der jugendliche Wille gebeugt wird.»

‹Mein Sohn soll neben allen seinen Dienern morgens und abends das Gebet auf den Knien verrichten und nachher ein Kapitel aus der Bibel lesen.
Der Prinz soll von Opern, Komödien und andern weltlichen Eitelkeiten abgehalten werden. Man soll ihm dagegen eine Abneigung einflößen.
Er soll sich an Sparsamkeit und Demut gewöhnen.
Die Rechenkunst, Mathematik, Artillerie, Oekonomie muß er aus dem Fundamente lernen.
Vor allen Dingen wird darauf zu achten sein, daß das Gemüt des Prinzen so geformt wird, daß es von der ersten Jugend an Hochachtung vor der Tugend und eine Abscheu vor dem Laster bekomme.
Was die lateinische Sprache anbelangt, so soll mein Sohn sie nicht lernen.›

Herr Duhan, der Lehrer befolgte die Vorschriften des Königs wohl nicht immer genau. Ein wenig Latein, so dachte er, könne einem zukünftigen König nicht schaden.
Friedrich erzählte viele Jahre später, was geschah, als der König zufällig in eine Unterrichtsstunde hereinplatzte und er gerade ein lateinisches Verb deklinierte:

«Was machst du da?» –
«Papa, ich dekliniere mensa, mensae», sagte ich in kindlichem Ton, der ihn hätte rühren müssen.
«O, du Schurke! Latein für meinen Sohn! Geh mir aus den Augen!» – und er verabreichte meinem Lehrer eine Tracht Prügel und Fusstritte und beförderte ihn auf

Friedrich Wilhelm I. bei der Inspektion seiner Lieblingstruppe, der «Langen Kerls». Auch auf diesen Inspektionen mussten ihn seine Söhne, vor allem der Kronprinz, begleiten. Die Paraden und das Exerzieren der «Langen Kerls» nötigten den auswärtigen Besuchern Bewunderung und Schrecken zugleich ab.

diese grausame Weise ins Nebenzimmer. Erschreckt durch diese Schläge und durch das wütende Aussehen meines Vaters, verbarg ich mich, starr vor Furcht, unter dem Tische, wo ich in Sicherheit zu sein glaubte. Ich sehe meinen Vater nach vollbrachter Hinausbeförderung des Lehrers auf mich zukommen – ich zittere noch mehr; er packt mich bei den Haaren, zieht mich unter der Decke hervor, schleppt mich so bis in die Mitte des Zimmers und versetzt mir endlich einige Ohrfeigen: «Komm mir wieder mit deiner ‹mensae›, und du wirst sehen, wie ich dir den Kopf zurechtsetze.»

Als Fritz dreizehn Jahre alt war, beschloß der König, seine Erziehung persönlich zu überwachen. Er dachte sich für seinen Sohn einen genauen Stundenplan aus.

‹An Wochentagen muß der Prinz um sechs Uhr aufstehen. Er darf sich nicht mehr im Bett umdrehen, sondern soll sich sofort erheben, niederknien und mit lauter Stimme beten: «Herr Gott, heiliger Vater! Ich danke Dir von Herzen, daß Du mich diese Nacht so gnädiglich bewahret

Madame de Rocoulle, Oberhofmeisterin und erste Erzieherin des Kronprinzen. Viel Lorbeeren erntete diese Erzieherin bei König Friedrich Wilhelm I. nicht. Alles was sie dem jungen Manne beigebracht hatte, von der Haartracht bis zum Flötenspiel und zur Kenntnis der Literatur, mißfiel dem mürrischen Monarchen.

hast; mache mich geschickt zu Deinem heiligen Willen und daß ich heute und alle meine Lebtage nichts tun möge, was mich von Dir scheiden kann, um unseres Herrn Jesu, meines Seligmachers Willen. Amen!»

Nach dem Gebet muß Fritz sich anziehen, sich Gesicht und Hände waschen, darf sich jedoch nicht pudern lassen. Während ihm ein Diener die Kleidungsstücke reicht, trinkt er seinen Tee oder Kaffee. Um halb sieben Uhr betreten die Lehrer das Zimmer. Gemeinsam wird gebetet, die Bibel gelesen und ein Kirchenlied gesungen. Von sieben bis halb elf Uhr ist Unterricht. Dann wäscht sich der Prinz wieder Gesicht und Hände, zieht seine Uniform an, lässt sich pudern und muß um elf Uhr beim König sein.

Das Mittagessen wird im Familienkreis eingenommen. Um zwei Uhr beginnt der Unterricht von neuem. Er dauert bis fünf Uhr. Über die Zeit bis zum Schlafengehen darf der Prinz frei verfügen. Er soll frische Luft schöpfen und kann tun, was er will, wenn es nur nicht gegen Gott ist. Nachdem er seinem Vater Gute Nacht gewünscht, wieder gebetet und ein frommes Lied gesungen hat, muß er sich um halb elf Uhr zu Bett legen. Einer seiner Betreuer, der im gleichen Zimmer schläft, hat sofort das Licht auszulöschen. Am Sonntag darf Friedrich eine halbe Stunde länger schlafen und braucht nicht zu arbeiten.›

Der Prinz versuchte dem strengen Stundenplan so oft als möglich zu entfliehen. Die Mutter und Wilhelmine halfen ihm dabei, wo sie konnten. Wilhelmine war Friedrich von seinen Geschwistern das liebste. Von den acht Kindern, die die Königin nach Friedrich noch zur Welt gebracht hatte, blieben sechs am Leben.

Wenn der König durchs Land reiste, um seine Untertanen zu besuchen, wurden im Schloß Spiele, Tanzfeste und Konzerte veranstaltet.

Festnahme des Kronprinzen im Jahre 1730 auf Befehl seines Vaters. Die harte Behandlung des Vaters ließ in Friedrich den Entschluß reifen, zu fliehen; aber der Fluchtversuch wurde entdeckt. Der Kronprinz wurde von seinem Vater zu Festungshaft verurteilt.

Hinrichtung des Leutnant von Katte. Der ganze Zorn des Königs entlud sich über den Vertrauten des Kronprinzen, Leutnant von Katte. Der König verschärfte den Richterspruch zu einem Todesurteil. Vom Fenster des Küstriner Gefängnisses aus musste Friedrich der Enthauptung seines Freundes zusehen.

Hinter dem Rücken des Vaters begann der Prinz ein zweites Leben zu führen. Er las Bücher von denen der Vater keine Ahnung hatte. Er spielte Klavier und Flöte. Sein Lieblingskomponist war Friedrich Händel. Fritz sprach lieber französisch als deutsch.

Vor dem König ließ sich nicht alles verheimlichen. Im Schloß hatten die Türen Ohren. Der König wußte Bescheid. Er beschrieb seinen ältesten Sohn einmal mit folgenden Worten:

‹Fritz ist faul und hochmütig. Er träumt und will nicht arbeiten. Er schreibt ein schlechtes Deutsch, voller Fehler. Er weiß nicht mit den Offizieren umzugehen. Beim Reiten sitzt er im Sattel wie ein

Kronprinz Friedrich in der Uniform des Königsregiments um 1729. Es gab kaum einen Thronfolger europäischer Fürsten, der mit solcher Strenge erzogen wurde, wie Friedrich. Des Vaters Ratschlag war: «Arbeiten müßt ihr, so wie ich es beständig getan. Also seien die Regenten zur Arbeit erkoren und nicht zu faulem Weiberleben.»

Elisabeth Christine, Prinzessin von Braunschweig, die Gattin des Kronprinzen. 1733 musste Friedrich auf Geheiß seines Vaters die brandenburgische Prinzessin heiraten. Friedrich schrieb nach der Hochzeit seiner Lieblingsschwester Wilhelmine: «Jetzt in diesem Augenblick ist die ganze Zeremonie beendet. Und Gott sei gelobt, daß alles vorbei ist.»

Lumpen. Er ist unsauber und ein Zieraffe. Er trägt Spitzen, kräuselt sein Haar und trägt Flitterkram. Er schießt schlecht und trägt auf der Jagd Handschuhe. Bei Tisch steckt er meistens die Nase in den Teller und schneidet Grimassen. Und statt Kirchenlieder zu singen, spielt er auf der Flöte.›

Je mehr sich der König über den Prinzen ärgerte, um so schlimmer wurde es. Fritz reagierte auf die Ermahnungen des Vaters mit Trotz. Auch Schläge und Ohrfeigen halfen nichts mehr.
Nicht nur in Berlin, sondern im ganzen Land wußte man, daß der König und der Kronprinz sich nicht gut verstanden. Der Schriftsteller, der schon über die ‹langen Kerls› geschrieben hatte, berichtete:

Schloß Rheinsberg. Dieses Schloß wurde dem Kronprinzen nach seiner Heirat als Wohnsitz zugewiesen. Friedrich durfte das verlotterte Schloß nach seinem eigenen Geschmack ausbauen. Die räumliche Trennung brachte ihm den Vorteil, sich der Kontrolle seines Vaters zu entziehen.

‹Der König hält diesen Prinzen unter einer scharfen Zucht, und es sind wohl wenig Königskinder in der Welt, denen so durch den Sinn gefahren und der jugendliche Wille gebeugt wird.›

Und ein sächsischer Diplomat schrieb nach Hause:

‹Sein Vater hat ihn zu früh aus dem Unterricht genommen. Der Knabe muß ihm auf Schritt und Tritt folgen, ohne daß der Vater ihn mit Staatsgeschäften vertraut macht... Alle seine Neigungen und Liebhabereien werden vom Vater durchkreuzt... Die Tatsache, daß irgend etwas seinem Sohn Vergnügen macht, genügt, um es ihm zu verbieten...›

Um ihn besser zu beaufsichtigen, hatte der Vater beschlossen, Fritz auf seine Reisen mitzunehmen. Der Prinz war vierzehn Jahre alt.
Die Reisen waren anstrengend. Der König reiste schnell und in einfachen unbequemen Kutschen. Unterwegs wollte er die Richter und Steuereinnehmer überraschen. Er prüfte die Rechnungen und kontrollierte die Kassen. Wenn er mit einem Beamten nicht zufrieden war, ließ er seinen Rohrstock über den Rücken des Schuldigen niedersausen. Mit seinem Gefolge ließ sich der König überall einladen. Und weil es ihn nichts kostete, stopfte er sich mit gutem Essen voll.
Der König war unbeherrscht.
Er schämte sich nicht, seinen Sohn öffentlich bloßzustellen und zu verspotten.
Friedrich, der ihn genau beobachtete, fing

an ihn zu verachten, aber er ließ es sich nicht anmerken.
Von einer dieser Reisen kehrte der Prinz krank zurück. Er hatte die Gelbsucht. Zwei Jahre lang blieb er schwach und kränkelte. Sogar der König machte sich jetzt Sorgen. Er schrieb einem Freund:

‹Mein ältester Sohn ist sehr krank und sieht aus, als ob er die Auszehrung hätte. Sie können sich vorstellen, wie mir zumute ist. Ich will bis Montag warten, und wenn es dann nicht besser wird, ein Konzilium aller Doctoren halten, die nicht sagen können, was ihm fehlt, und er ist doch so mager wie ein Schatten und hustet doch nicht... Wenn die Kinder gesund sind, dann weiß man nicht, daß man sie lieb hat...›

Noch mehr als früher, flüchtete Friedrich während dieser Zeit in die Welt der Musik, der Kunst. Ohne daß sein Vater davon wußte, hatte er in der Stadt ein Zimmer gemietet und sich eine Bibliothek eingerichtet. Das kostete Geld. Er lieh es sich aus. Allerdings brauchte er es nicht nur für Bücher, sondern ließ sich Schmuckstücke und kostbare Kleider machen. Die Uniform nannte er den ‹Sterbekittel›.
Eines Abends kam der König unerwartet in sein Zimmer. Der Prinz trug einen Schlafrock aus Brokat. Der König wurde so wütend, daß er seinen Sohn packte, ihm den Rock vom Leibe riß und ins Feuer warf.

Mit etwas mehr als fünfzehn Jahren wurde Friedrich konfirmiert. Vier junge

Friedrich als Kronprinz mit seinen drei jüngeren Brüdern August Wilhelm, Heinrich und August Ferdinand.

Offiziere mußten ihn von nun an beaufsichtigen. Der gewöhnliche Unterricht sollte jetzt durch eine militärische Ausbildung ersetzt werden. Der König hoffte, die Armee würde den Prinzen Respekt und Pflichtbewußtsein lehren und seine verdorbene Seele retten.
Der König hatte den vier Offizieren befohlen, den Prinz keinen Augenblick aus den Augen zu lassen, er sei in einem gefährlichen Alter. Aber Friedrich verstand es, mit seinem Charme die Offiziere für sich einzunehmen. Einer von ihnen, Felix von Borcke, wurde sein Vertrauter und Freund. Am 3. September 1728 schrieb er ihm aus den Jagdferien:

‹Der König ist beständig schlechter Laune, er brummt gegen jedermann, ist mit niemandem, auch mit sich selbst nicht zufrieden, leider Gottes, wie könnte man ihn auch zufrieden stellen? Er ist schrecklich aufgebracht gegen mich; es gibt gar keine Möglichkeit einer Aussöhnung. Er hat alles mögliche mit mir vor, aber er schwankt zu sehr, so daß ich glaube, es wird alles beim alten bleiben. Wir sind weder vorwärts noch rückwärts gekommen, die ergreifendsten Dinge spielen sich hier ab; man lernt endlich durch die Länge der Zeit sorglos zu werden; ich bin es jetzt trotz allem, was mir passieren kann, ich blase Flöte, ich lese und liebe immer meine Freunde mehr als mich selbst.›

Friedrich haßte die Jagdferien in Wusterhausen. Im Schloß gab es nur Stühle mit Holzsitzen. Der ganze Hofstaat war auf kleinem Raum zusammen und mußte sich

Friedrich der Große empfängt den Segen seines Vaters. Der mißmutige Herrscher arbeitete nicht nur zuviel, er aß und trank auch mehr, als dem fetten, von Gicht und Wassersucht Geplagten zuträglich war. Er starb 1740, ausgesöhnt mit seinem ältesten Sohne Friedrich, der den Thron übernahm.

von morgens bis abends den Wünschen des Königs fügen. So oft als möglich sonderte sich der Prinz von den andern ab, setzte sich allein unter einen Baum und spielte auf seiner Flöte. Im Herbst des Jahres 1728 waren die Zornausbrüche des Königs besonders heftig.

‹Wir erleben hier alle Tage die abscheulichsten Auftritte, ich bin dessen so müde, daß ich lieber um mein Brot betteln möchte, als in diesem Zustand weiterleben.›

Nach einem Streit bat Friedrich seinen Vater demütig um Verzeihung. Aber nach den Briefen, die er gleichzeitig seinem Freund Borcke schrieb, kam die Reue nicht von Herzen.

Wusterhausen, 10. Sept. 1728

‹Mein lieber Papa! – Ich habe mich lange nicht unternehmen mögen zu meinem lieben Papa zu kommen, teils weil es mir abgeraten wurde... und auch aus Furcht, meinen lieben Papa mit meinen Bitten zu verdrießen. Darum will ich es lieber schriftlich tun. Ich bitte also meinen lieben Papa, mir gnädig zu sein und kann hierbei versichern, daß nach langem Nachdenken mein Gewissen mir nicht das mindeste gezeigt hat, worin ich mir etwas habe zu schulden kommen lassen. Hätte ich aber wider mein Wissen und Willen etwas getan, was meinen lieben Papa verdrossen hat, so bitte ich hiermit untertänigst um Vergebung und hoffe, daß mein lieber Papa den grausamen Haß, den ich aus all seinem Tun habe wahrnehmen können,

Planskizze Friedrich II. zum Einmarsch in Schlesien. Kaiser Karl VI. starb am 20. Oktober 1740. König Friedrich schrieb an seinen Freund Voltaire: «Der Kaiser ist tot. Dieser Todesfall zerstört all meine friedlichen Gedanken». So machte er dem Hause Habsburg den Vorschlag, ihm Schlesien abzutreten. Diese Forderung führte zum Kriege.

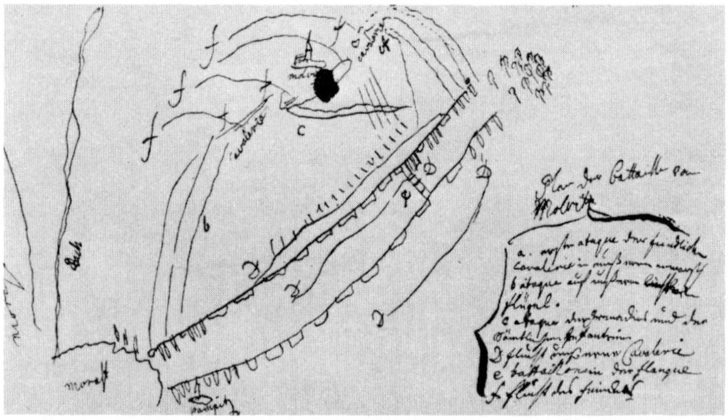

Die Schlacht bei Mollwitz, 1741. Eigenhändige Schlachtenskizze Friedrich II. Der knappe Sieg Preußens über die Kaiserlichen Truppen schien für Österreich eine schlimme Krise einzuleiten. Die Kaiserkrone war verloren, große Teile von Böhmen und Mähren vom Feind besetzt.

werde fahren lassen... Ich fasse nun das beste Vertrauen, und hoffe, daß mein lieber Papa darüber nachdenken und mir wieder gnädig sein wird.›

Aber der König ließ sich nicht so schnell versöhnen. Er antwortete seinem Sohn, ebenfalls schriftlich:

‹Er hat einen eigensinnigen Kopf. Wenn man seinen Vater liebt, so tut man auch, was er haben will, nicht nur, wenn er dabei steht, sondern auch wenn er nicht alles sieht. Zum Andern weiß er wohl, daß ich keinen effeminierten Kerl leiden kann, der keine männlichen Interessen hat, der sich nicht schämt, weder reiten noch schießen zu können, sein Haar wie ein Narr frisiert und nicht schneidet... Alles dieses habe ich schon tausendmal gesagt, aber umsonst... keine Besserung in nichts... Dieses ist die Antwort!›

Die Auftritte zwischen Vater und Sohn wurden immer häufiger. Sie spielten sich in Wusterhausen vor dem ganzen Hofstaat ab. Sogar die Diener waren Zeugen davon. Am 21. Oktober ereignete sich eine Szene, die einer der königlichen Jagdgäste mit folgenden Worten beschrieb:

‹Endlich kam die St. Hubertusjagd. Die Etikette schreibt vor, daß der Kronprinz bei der Tafel dem König gegenüber sitzt und den Wirt macht. Ich saß neben ihm und also der Königin gegenüber...
Der Kronprinz trank viel, aber nur mit Widerwillen, wie er mir gegenüber aussprach... Plötzlich fing der Wein an bei ihm zu wirken. Er sprach ziemlich laut von all den Gründen, die er habe mit seinem Schicksal unzufrieden zu sein. Die Königin winkte mir fortwährend zu, ihn zum Schweigen zu bringen... Aber es half alles nichts: im Gegenteil, er wandte sich ganz zu mir hin und sprach alles aus, was ihm auf die Zunge kam. Und dabei wiederholte er stets am Ende jedes Satzes, in-

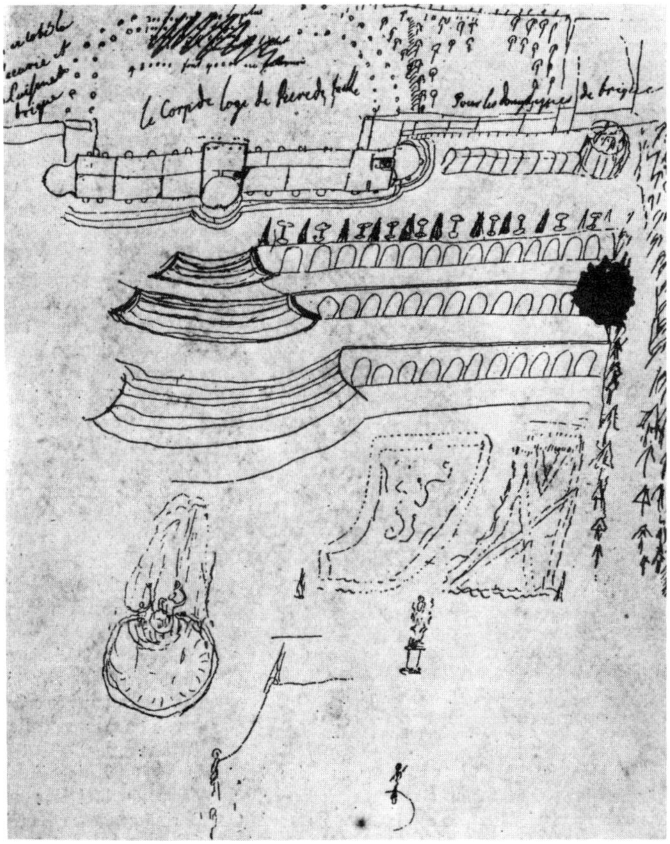

Entwurfsskizze für das Schlößchen Sanssouci. Nach der bewegten Zeit des Schlesischen Krieges betrieb Friedrich eine Politik des Friedens. Obschon er einmal schrieb: «Der König ist arm wie eine Kirchenmaus», konnte er endlich das «Lusthaus auf dem Weinberg», dem er den Namen «Sanssouci» (Ohnesorge) gab, einweihen. An der Einweihung im Mai 1747, nahmen 200 Gäste teil. Generäle, Beamte und Frauen hatten dort keinen Zutritt. Er umgab sich nur mit Menschen, die ihm sympathisch waren.

Die Tafelrunde von Sanssouci. Der französische Philosoph Voltaire war wohl der berühmteste Teilnehmer an dieser Tafelrunde Friedrichs. Allerdings bezeichnete der preußische König den Philosophen schon wenige Jahre danach als den «undankbarsten und boshaftesten Menschen auf Erden».

dem er auf den König hinwies: «Und doch habe ich ihn lieb!» – Mit einem Male fragte mich der König: «Was sagt er?» – Ich erwiderte, der Kronprinz sei betrunken und könne sich nicht mehr halten.
Der König antwortete: «Er stellt sich nur so. Aber was sagt er denn?»
Ich erwiderte, er habe gesagt, obgleich ihn der König zwinge, zuviel zu trinken, habe er ihn doch lieb.
Der König wiederholte, der Kronprinz stelle sich nur betrunken. Ich entgegnete, ich könne dafür einstehen, daß er es wirklich sei: er habe mich so in den Arm gekniffen, daß ich ihn nicht mehr rühren könne...
Der General Keppel und ich stellten dem Kronprinzen das Ansinnen, zu Bette zu gehen...

Hierauf fing der Kronprinz an zu schreien, er wolle erst dem König die Hand küssen. Die andern riefen, das sei recht. Der König lachte, als er sah, in welchem Zustand der Kronprinz war und reichte ihm die Hand über die Tafel herüber. Aber der Kronprinz wollte auch die andere haben, küßte dann beide abwechselnd, schwor, er liebe ihn von ganzem Herzen... Alle riefen: «Es lebe der Kronprinz!» Das regte den Kronprinzen noch mehr auf, er stand auf, ging um die Tafel herum, umarmte den König innig, ließ sich auf ein Knie nieder und verharrte lange in dieser Stellung, indem er fortwährend zum König sprach.
Seine Majestät war tief gerührt und antwortete fortwährend: «Nun, das ist schon gut, werde du nur ein ehrlicher Kerl...»

Der ganze Vorgang war ergreifend und rührte die Mehrzahl zu Tränen. Endlich wurde der Prinz aufgerichtet. Der König hob die Tafel auf. Herr von Keppel, ich und mehrere Offiziere führten den Prinzen in sein Zimmer und brachten ihn ins Bett.›

Die Besserung im Verhältnis zwischen Vater und Sohn dauerte nicht lange. Im Jahr 1729 erreichte die Spannung ihren Höhepunkt. Friedrich erzählte seiner Schwester Wilhelmine:

‹Niemand weiß, was ich ertragen muß. Täglich bekomme ich Schläge, werde behandelt wie ein Sklave und habe nicht die mindeste Erholung. Man verbietet mir das Lesen, die Musik, die Wissenschaften, ich darf fast mit niemand mehr sprechen, bin von lauter Aufpassern umgeben. Was mich endlich ganz überwältigt hat, ist der letzte Auftritt, den ich in Potsdam mit dem König hatte. Er läßt mich des Morgens rufen; sowie ich eintrete, faßt er mich bei den Haaren, wirft mich zu Boden, und nachdem er seine starken Fäuste auf meiner Brust und meinem ganzen Leibe erprobt hatte, schleppt er mich an das Fenster und legt mir den Vorhangstrang um den Hals. Glücklicherweise hatte ich Zeit gehabt, mich aufzuraffen und seine beiden Hände zu fassen, da er aber den Vorhangstrang aus allen Kräften zuzog und ich mich erdrosselt fühlte, rief ich endlich um Hilfe. Ein Kammerdiener eilte herbei und befreite mich mit Gewalt aus des Königs Händen. Sage nun selbst, ob mir ein anderes Mittel übrigbleibt als Flucht?›

Flucht! Das war es, was den Prinzen nun unaufhörlich beschäftigte. Er bestellte sich heimlich zwei Koffer und eine Kutsche. Aber sein Page Keith, der ihn auf der Flucht begleiten wollte, wurde plötzlich versetzt. Friedrich suchte jemand andern, dem er sich anvertrauen konnte. Es war der fünfundzwanzigjährige Offizier Hermann von Katte. Katte war belesen, schrieb ein ausgezeichnetes Französisch und wie der Prinz, liebte er Musik und spielte Flöte. Sie wurden Freunde und schwuren sich Treue. Friedrich erzählte ihm von seinen Fluchtplänen. Katte versuchte den Prinzen davon abzuhalten. Aber Friedrich war entschlossen zu fliehen und Katte hatte ihm versprochen, ihn nie im Stich zu lassen.
Friedrich wollte über Frankreich nach England reisen. König Georg von England, sein Onkel, würde bestimmt Verständnis für ihn haben. Er hatte auch Friedrichs Schulden bezahlt.
Aber das Vorhaben des Kronprinzen war längst kein Geheimnis mehr. Zuviele wußten davon, Mutter und Schwester, einige Offiziere und fremde Gesandte. Der König war mißtrauisch geworden und hatte befohlen, Friedrich nicht aus den Augen zu lassen. Ein junger Page, den Friedrich ebenfalls in seinen Fluchtplan eingeweiht hatte, verriet ihn. Er warf sich dem König vor die Füße und erzählte zitternd vor Angst, was er wußte. Es war Sonntag, den 6. August 1730. Die Flucht war für die Nacht vom Sonntag auf den Montag vorbereitet.
Der König war erschüttert. Flüchten, desertieren – das war für ihn das schlimmste

Friedrich der Große besuchte Voltaire in dessen Arbeitszimmer. Der französische Philosoph und Schriftsteller Voltaire war im Juli 1750 nach Potsdam gekommen. Der König billigte ihm einen Ehrensold von 5000 Talern im Jahre zu, freie Tafel und Wohnung, eine Equipage und den Titel eines Kammerherrn. Aber mit dubiosen Geldgeschäften, mit Ränken und Intrigen verscherzte sich Voltaire die Gunst des Königs.

Friedrich der Große.

Verbrechen, das er sich vorstellen konnte. Eine blinde Wut erfaßte ihn. Sie richtete sich nicht nur gegen seinen Sohn und Hermann von Katte, sondern gegen seine ganze Familie. Prinzessin Wilhelmine, Friedrichs Lieblingsschwester, schrieb später in ihren Erinnerungen an jene Tage:

‹Kaum war der König meiner ansichtig geworden, als sein Herz in Zorn und Wut schwoll. Er wurde ganz schwarz im Gesicht, seine Augen funkelten und Geifer kam ihm aus dem Munde. – «Niederträchtige Kanaille», sagte er zu mir, «wagst du es unter meine Augen zu treten? Scher dich zu deinem Schuft von Bruder!» ... Das Gesicht des Königs war so von Wut verzerrt, daß es zum Fürchten aussah... Meine Brüder und Schwestern, von denen der jüngste vier Jahre alt war, lagen vor ihm auf den Knien und suchten ihn durch Tränen zu erweichen...›

Der Prinz und Katte wurden mehrmals verhört. Katte beantwortete alle Fragen des Königs ehrlich und schrieb ein langes Geständnis. Beide kamen ins Gefängnis. Am 16. September fand eine große Gerichtsverhandlung statt. Am Schluß gab der Prinz folgendes zu Protokoll:

‹... daß er wohl erkenne, ganz und gar in allen Stücken Unrecht zu haben; am meisten beklage er, daß seine königliche Majestät Kummer darum hätten, bitte aber zu glauben, daß seine Absicht nie kriminell gewesen sei, auch habe er nie daran

gedacht, der Königlichen Majestät nur das geringste zu leide zu tun, er unterstelle sich nun in allem des Königs Willen und Gnade. Seine Majestät möchte mit ihm machen, wie sie es für gut fände und er bitte sie um Vergebung.›

Das war ein Gesuch um Gnade. Die Richter waren zur Ansicht gekommen, bei dem Fluchtversuch handle es sich eher um einen unüberlegten Jungenstreich als um ein Verbrechen. Der König glaubte aber immer noch, Friedrich habe ihn von seinem Thron verdrängen, ja sogar umbringen wollen.

Friedrich wurde vom Gericht in die Festung Küstrin verbannt und Katte zu lebenslänglicher Haft verurteilt. Der König

Die Schlacht bei Leuthen. Der grausame Siebenjährige Krieg brachte für die beteiligten Länder Preußen, Österreich, Rußland und Sachsen enorme Verluste. Friedrich der Große eröffnet diesen Krieg 1756 mit einem Einmarsch in Sachsen. Bei Kolin erlitten die Preußen eine Niederlage. In den Winterschlachten von Roßbach und Leuthen hatte Friedrich Erfolg.

Kaiserin Maria Theresia von Österreich, konnte den Verlust von Schlesien nie verschmerzen. Sie gab den Anstoß zum Bündnis mit Rußland und Frankreich gegen Preußen, weil sie den «bösen Mann» aus Berlin, wie sie Friedrich den Großen zu nennen pflegte, hasste.

Die Schlacht bei Zorndorf, 1758. Der Siebenjährige Krieg war zu einer Geißel der Bevölkerung geworden. Selbst Friedrich der Große äußerte sich zu seinem Sekretär Henri de Catt: «Sie müssen zugestehen, daß der Krieg etwas Schreckliches ist.» 1763 wurde der Friede von Hubertusburg unterzeichnet.

Elisabeth, Zarin von Rußland. Friedrich der Große, hatte sich die Zarin mit seinen boshaften Bemerkungen über ihre Trunksucht zur Feindin gemacht. Ihr plötzlicher Tod hat zum «Wunder des brandenburgischen Hauses» nämlich zum Frieden zwischen Preußen und Rußland geführt.

erhob gegen dieses Urteil Einspruch. Seinem Sohn wollte er zwar das Leben schenken, aber Katte sollte vor seinen Augen hingerichtet werden.
Der König lehnte alle Gnadengesuche ab.
Das Urteil wurde vollstreckt.
Der furchtbare Tag verfolgte Friedrich bis ins Alter.

‹Niemand sprach mit mir, man überließ mich mir selbst und meinem traurigen Gedanken an meinen Freund Katte, dessen Schicksal mich mehr quälte als das meine. Man gab mir mein Essen durch einen kleinen Schalter und es reichte gerade, mich vor dem Hungertode zu bewahren. Ich glaubte schon, daß alles zu Ende ginge, als eines Morgens ein Offizier mit mehreren Grenadieren hereinkam, alle in Tränen aufgelöst. – «Ach, mein armer Prinz!» sagte der Offizier schluchzend. – Ich glaubte, daß man mir den Kopf abschlagen wollte. – «So reden Sie doch! Muß ich sterben? Ich bin bereit dazu.» – «Nein, mein Prinz, nein, Sie werden nicht sterben!» – Zwei Grenadiere führten mich ans Fenster und hielten meinen Kopf fest. Mein lieber treuer Katte sollte unter meinem Fenster hingerichtet werden. – «Herr Jesus, bringen Sie doch lieber mich ums Leben!» schrie ich. Ich wollte meinem Freund durch das Gitter die Hand reichen, aber man stieß mich zurück. – «Mein lieber Katte!» rief ich, «Ich bitte Sie tausendmal um Verzeihung. Um Gotteswillen, Verzeihung, Verzeihung!» Katte grüßte mich ehrerbietig und erwiderte mit klarer Stimme: «Mein Prinz, ich sterbe mit tausend Freuden für Sie!» Der Scharfrichter wollte ihm die Augen verbinden, aber er bat dies nicht zu tun und kniete auf dem für die Hinrichtung bestimmten Sandhaufen nieder. Als er anfing zu beten, wurde ich ohnmächtig und fiel in die Arme meiner Wächter…›

In Briefen aus dem Gefängnis bat Friedrich seinen Vater immer wieder um Verzeihung. Er wußte, daß er sich wenigstens nach außen den Wünschen seines Vaters fügen mußte, wenn er wieder frei werden wollte. Lange Zeit wollte der König Friedrich von der Thronfolge ausschließen. Aber seine Minister und führenden Offiziere wehrten sich für den Prinzen.
Allmählich sah auch der König ein, daß er Friedrich seinen eigenen Willen lassen mußte. Er hatte versucht ihn zu brechen, es war ihm nicht gelungen.
Als sich Friedrich nach der Entlassung aus der Haft mehr und mehr auch für die Regierungsgeschäfte und die Probleme des Landes zu interessieren begann, ließ der König ihn gewähren.
Kurz vor seinem Tode, sagte er vor dem versammelten Hofstaat:

‹Es liegt mir nichts mehr am Leben, da ich einen Sohn hinterlasse, der alle Fähigkeiten hat, gut zu regieren. Er hat mir versprochen, daß er die Armee beibehalten wird. Er hat Verstand und alles wird gut gehen.›

Auch Friedrich urteilte viele Jahre später über seinen Vater weniger hart, als er es in seiner Jugend getan hatte. Einem Freund beschrieb er ihn mit den Worten:

‹Welch schrecklicher Mann, aber auch welch gerechter, kluger und sachkundiger Mann! Sie können sich nicht vorstellen, welch große Ordnung er in alle Verwaltungszweige gebracht hat. Kein Fürst erreichte ihn in der Fähigkeit, in die geringsten Einzelheiten einzudringen... Nur durch seine Sorgen, seine unermüdliche Arbeit, seine von peinlichster Gerechtigkeit erfüllte Politik, seine große und bewundernswürdige Sparsamkeit und die strenge Mannszucht, die er in dem von ihm geschaffenen Heer einführte, nur dadurch sind meine bisherigen Leistungen ermöglicht worden...›

Der König starb am 31. Mai 1740. Friedrich war achtundzwanzig Jahre alt. Die

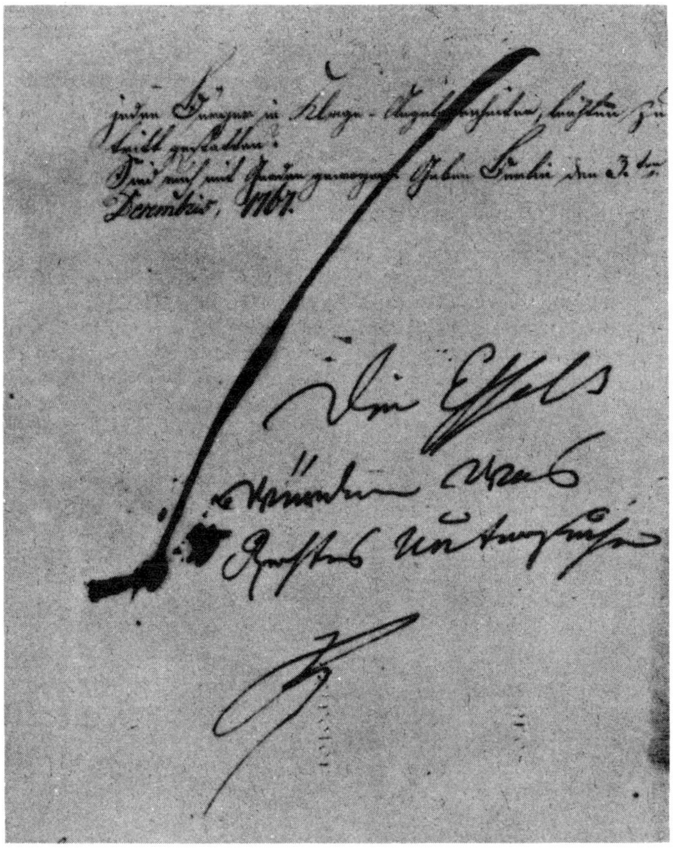

Randbemerkung Friedrich des Großen auf einer Urkunde vom 3. Dezember 1767. Nach dem Siebenjährigen Krieg wandte sich Friedrich vermehrt seinen Staatsgeschäften zu. Es war nicht einfach, Beamter des «alten Fritz» zu sein. Davon zeugen seine Randbemerkungen auf Aktenstücken. Hier eine durchgestrichene Urkunde mit der Bemerkung: «Die Essels würden was Rechtes untersuchen!»

Eigenhändige Partitur von Friedrich dem Großen. Trotz seiner vielfältigen Pflichten als «erster Diener des Staates» ging Friedrich im Alter gerne seinen privaten Interessen nach. So liebte er das Flötenspiel. Er hinterließ Partituren von Arien, Ouvertüren und nicht weniger als 120 Flötensonaten.

ersten Verfügungen des jungen Königs, Friedrich II., erregten in ganz Europa Aufsehen:

‹Seine königliche Majestät haben beschlossen, in deren Ländern die Tortur gänzlich abzuschaffen…
Seine königliche Majestät sind der Ansicht, alle Religionen seien gleich viel wert und gut, sofern die Leute ehrlich sind…›

Am zwölften Tag seiner Regentschaft schrieb er seinem verehrten Freund, dem Philosophen Voltaire nach Paris den Vers:

‹In Zukunft ist mein Volk, das warm ich liebe,
der einz'ge Gott, dem meine Arbeit gilt.
Lebt wohl ihr Verse und ihr Melodien,
leb wohl Genuß, selbst Voltaire, lebe wohl!
Die höchste Göttin ist die Pflicht fortan!›

Friedrich starb am 17. August 1786 in seinem, von ihm erbauten Schloß Sanssouci, einer der berühmtesten Könige Europas, von seinem Volk verehrt als ‹Friedrich der Große›!

Tod Friedrich des Großen in seinem Schlößchen in Sanssouci. Nach einem Schlaganfall traten Anzeichen von Wassersucht auf. Atembeklemmungen, Hustenanfälle raubten ihm den Schlaf. So verbrachte er die meiste Zeit im Lehnstuhl. «Ich bin nicht mehr als ein altes Gerippe; ich tauge zu nichts mehr», sagte er zu seinem Arzt Johann von Zimmermann. 1786 ist Friedrich der Große im Alter von 74 Jahren gestorben.

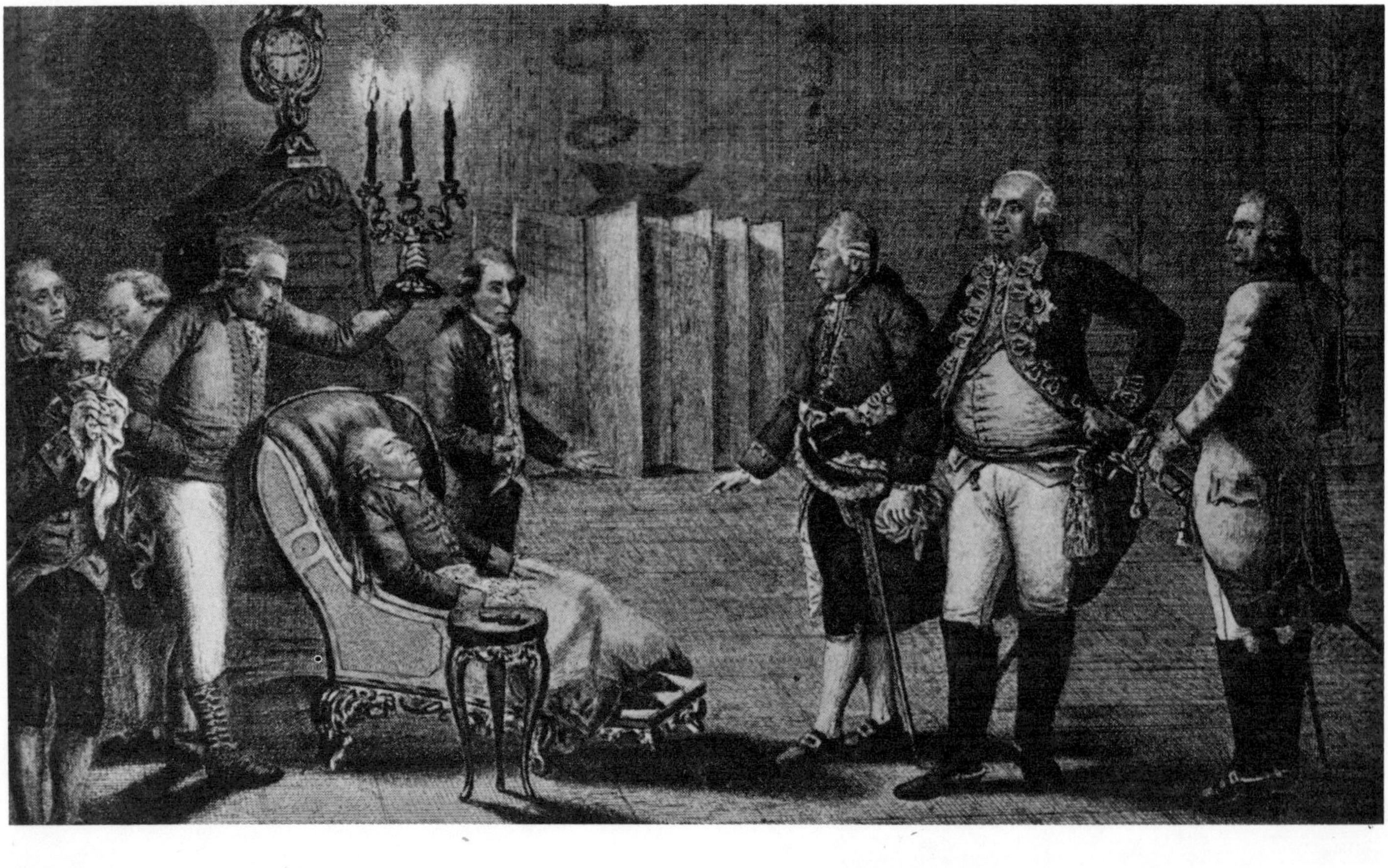

Hanneli, du wirst eine Närrin

Johanna Spyri, 1827–1901

‹Vom freundlich gelegenen, alten Städtchen Mayenfeld aus führt ein Fußweg durch grüne baumreiche Fluren bis zum Fuße der Höhen, die von dieser Seite groß und ernst auf das Tal herniederschauen… Auf diesem schmalen Bergpfade stieg an einem hellen, sonnigen Junimorgen ein großes, kräftig aussehendes Mädchen dieses Berglandes hinan, ein Kind an der Hand führend, dessen Wangen in solcher Glut standen, daß sie selbst die sonnverbrannte, völlig braune Haut des Kindes flammenrot durchleuchtete. Es war auch kein Wunder: das Kind war trotz der heißen Junisonne so verpackt, als hätte es sich eines bitteren Frostes zu erwehren. Das kleine Mädchen mochte kaum fünf Jahre zählen; welches aber seine natürliche Gestalt war, konnte man nicht ersehen, denn es hatte sichtlich zwei, wenn nicht drei Kleider übereinander angezogen und erst noch ein großes, rotes Baumwolltuch um und um gebunden, so daß die kleine Person eine völlig formlose Figur darstellte, die, in zwei schwere, mit Nägeln beschlagene Bergschuhe gesteckt, sich heiß und mühsam den Berg hinaufarbeitete.›

So beginnt eines der berühmtesten Kinderbücher: Heidi. Es wurde mehrmals verfilmt, auf der Bühne gespielt, in unzählige Sprachen übersetzt, von Kindern auf der ganzen Welt mit Begeisterung gelesen. Wenn Johanna Spyri dieses Buch nicht geschrieben hätte, wäre sie als Autorin längst vergessen. Eigentlich waren es zwei Bücher ‹Heidis Lehr- und Wanderjah-

Johanna Spyri mit ihrem Sohn Bernhard.
Nach dreijähriger Ehe wurde der kleine Bernhard geboren, Johanna Spyris einziges Kind.

re› und ‹Heidi kann brauchen, was es gelernt hat›. Der erste Band erschien 1880, der zweite ein Jahr später.

‹So kam der Abend heran. Es fing stärker an zu rauschen in den alten Tannen, ein mächtiger Wind fuhr daher und sauste und brauste durch die dichten Wipfel. Das tönte dem Heidi so schön in die Ohren und ins Herz hinein, daß es ganz fröhlich darüber wurde.›

Hat dieses Heidi wirklich gelebt? Was ist später aus ihm geworden? Hat es den Geißenpeter geheiratet? Danach haben sich Dutzende von Kindern bei Johanna Spyri erkundigt. Eine Schulklasse aus Basel schrieb ihr, sie solle doch einmal nach Ba-

Der Großvater Johanna Spyri's, Pfarrer Diethelm Schweizer. Aus Zürich stammend, wirkte er zuerst in Diepoldsau im Rheintal. 1796 wurde er als Pfarrer nach der Gemeinde Hirzel berufen. Er ist 1824 gestorben.

Die Großmutter Johanna Spyri's, Anna Schweizer-Geßner, stammte aus Dübendorf bei Zürich. Sie starb im Juli 1799 in Hirzel.

sel kommen und das Heidi mitnehmen, man wolle ihm einen vergnügten Tag machen, während ein junger habsburgischer Erbherzog zu wissen wünschte, ‹wo sich Heidis Hütte befindet›. Es gibt sie, die Hütte des Großvaters. Sie steht heute noch, auf dem Ochsenberg, eine Stunde über Maienfeld. Die Idee zu ihrem Buch kam Johanna Spyri während eines Ferienaufenthaltes in Jenins und Maienfeld. Sie beobachtete die Bauernkinder, die von weit entlegenen Höfen und von den Bergen herunter zur Schule kamen. Sie sprach mit ihnen, versuchte sich in sie hineinzudenken. Das Heidi selbst brauchte sie nicht zu erfinden. Es war ein Stück von ihr selbst.

Margarethe Barbara Heußer-Schweizer, die sich nach ihrer hamburgischen Großmutter, Meta Schweizer-Schulz, «Meta» nannte. 1797 geboren, heiratete sie einen jungen Landarzt. Ihre religiöse Lyrik und ihre Lieder wurden durch den deutschen Liederdichter Albert Kapp bekannt gemacht. Ihre Gedichte sind auch in englischer Sprache erschienen. Sie starb 1876.

‹Heidi sprang hierhin und dorthin und jauchzte vor Freude, denn da waren ganze Trüppchen feiner, roter Himmelsschlüsselchen beieinander, und dort schimmerte es ganz blau von den schönen Enzianen, und überall lachten und nickten die zartblätterigen, goldenen Zistusröschen in der Sonne. Vor Entzücken über all die flimmernden, winkenden Blümchen vergass Heidi sogar die Geißen und auch den Peter. Es sprang ganze Strecken voran, und dann auf die Seite, denn dort funkelte es rot und da gelb und lockte Heidi auf alle Seiten. Und überall brach Heidi ganze Sträußchen von den Blumen und packte sie in ein Schürzchen ein, denn es wollte sie alle mit heimnehmen und ins Heu stecken in seiner Schlafkammer, daß es dort werde wie hier draußen.›

Das könnte Johanna Spyri als fünfjähriges Mädchen genau so gemacht haben.
Johanna Heusser – Spyri war der Name ihres Mannes – ist am 12. Juli 1827 geboren. Ihr Vater, Johann Jakob Heußer, war Arzt in Hirzel, einem kleinen Bauerndorf auf der Zimmerbergkette zwischen dem Sihltal und dem Zürichsee. Die Mutter hieß Meta. Sie war die Tochter des Dorfpfarrers. Der junge Doktor baute sich ein

Haus. Johanna Spyri beschrieb es später in einer Geschichte:

‹Es steht ein weißes Haus auf der Anhöhe, die weit umher in die Täler schaut und hinüber zu den fernen Bergen, auf deren Gipfel auch im hohen Sommer noch der silberne Schnee in der Sonne leuchtet. Das Haus hat der Arzt sich erstellt, der unten am Hügel unter dem epheubedeckten Steine schläft. Er hat es viele Jahre lang bewohnt und ein Leben voll Mühe und Arbeit darin verbracht.›

Dr. med. Johann Jakob Heußer-Schweizer. Doktor Heußer hatte sich aus ärmlichsten Verhältnissen zu einem tüchtigen Landarzt emporgeschafft. Er heiratete die Tochter des Pfarrers von Hirzel und baute sich 1822 das Haus, das noch heute in veränderter Form, in dem kleinen Dorf zu sehen ist. Johanna Spyri hat dem Wirken ihres Vaters, in der liebenswürdigen Gestalt des «Doktors» im «Heidi» ein Denkmal gesetzt.

Es war gut, daß Doktor Heußer sein Haus groß genug bauen ließ. Es ging darin wohl genau so zu, wie es seine Tochter in ihrem Buch ‹Gritlis Kinder› geschildert hat.

‹Im Hause des Arztes ging es ziemlich laut zu. Nach der Schule waren Oskar, Emmi und Fred auseinandergestoben: jeder hatte sein eigenes Ziel im Auge.
Fred lief nach Hause; er hatte schon den ganzen Tag im Sinn gehabt, der Tante eine passende Darstellung von einem wenig bekannten Tierlein vorzulesen. Er langte daheim im Hausflur an, von wo er durch die offene Küchentür die Tante erblickte, die am Tisch stand und einen Pudding rührte. Sie las aufmerksam auf dem kleinen Zettel, der vor ihr auf dem Tisch lag: «Nimm vier große Eier, zwei Löffel Mehl und eine Zitronenschale – » und fuhr zusammen, als Fred plötzlich mit einem lauten Freudenschrei herbeistürzte. «Oh, wie herrlich! Jetzt hör nur, Tante!» rief er aus und setzte sich bequem auf den Küchenschemel, das beliebte Buch auf seinen Knien haltend. «Du weißt doch, daß Papa einmal eine Rohrdommel gefangen hatte? Jetzt höre ihre Geschichte und ihr Leben! Eben bin ich darauf gekommen: Rohrdommel, botaurus stellaris, – hörst du auch zu, Tante?» – «Ja, ja, ich höre schon, nur weiter!» – « – ist rotgelb mit schwarzen Querflecken, die Federn am Hals kragenartig. Wohnt in gemäßigtem Klima

Europas, ist trübsinnig und mürrisch, stößt nachts ein eigentümliches Gebrüll aus. Gegen Verfolger wird sie heftig. Das Weibchen legt vier große Eier – hörst du auch zu, Tante? Weißt du, was ich zuletzt gelesen habe?»
«Jawohl, das Weibchen legt vier große Eier, zwei Löffel Mehl und eine Zitronenscheibe», sagte die Tante, unversehens ihre eigenen Gedanken verfolgend. Fred schaute erstaunt zu der Tante auf, denn sie hatte trocken und ohne Spaß geredet. «Ach so», fiel die Tante ein, die nun ihren Irrtum gewahr wurde, «ich bin in ein Rezept hineingekommen, fahr nur fort.» – Hier wurde die Vorlesung unterbrochen. Im Sturmschritt kam Oskar zur Tür herein, und gleich hinter ihm stürzte Emmi

Das «Doktorhaus» in Hirzel. Der einfache aber behäbige Bau war der Mittelpunkt der Jugend Johanna Spyris. Hier wuchs sie mit ihren fünf Geschwistern auf. Hier entfaltete neben der Mutter auch die berühmte «Tante Rägeli» ihre hilfreiche Tätigkeit. Das Doktorhaus und der Hausgarten mit den Lilien und Rosen, mit Salbei und Rosmarin, die Weiden und Wälder der Umgebung prägten tief das Naturgefühl der kleinen Johanna.

Regula Schweizer, die Schwester von Meta Heußer. Sie hat als «Tante Rägeli» eine große Rolle im Doktorshaus in Hirzel gespielt. Spyri bezeichnete sie einmal in einem ihrer Werke als den «Schirm und Schutz der Kinder» und meinte, daß das Räderwerk des prächtigen Haushaltes stillgestanden wäre, «wenn die Tante wegträte und die leise ordnende Hand des ganzen Treibens wegzöge». Sie ist 1874 gestorben.

heran, und während sich Oskar auf die rechte Seite der Tante stellte, drängte Emmi sich von links heran, sodaß die Tante ihre Kelle fast nicht mehr in der Schüssel herumbewegen konnte.›

Hanni war nicht Doktors einziges Kind. Sie war das vierte von sechs. Die älteren hießen Theodor, Netti und Christian, die beiden jüngeren Ega und Meta. Die Tante, die in ‹Gritlis Kinder› eine so wichtige Rolle spielt, war in Wirklichkeit die Schwester von Johannas Mutter, Tante Rägeli. Nach dem Tode des Großvaters, Pfarrer Schweizer, war sie zusammen mit der Mutter und einer andern unverheirateten Schwester, ins Doktorhaus gezogen. Tante Rägeli war bei den Kindern besonders beliebt. Sie hatte immer Zeit und Verständnis für ihre Anliegen und Sorgen. Auch die Mutter war froh, nicht nur für die Hilfe, sondern auch für den guten Geist, den die Tante ins Haus brachte. Meta Heußer sagte das mit eigenen Worten:

‹... sie (die Tante) war dazu berufen, ihrer Schwester und ihren Kindern das zu werden, was einem Hause nur eine Tante sein kann, die überall helfend, mit leiser Hand eingreift, unsichtbar und unhörbar, jede Lücke ausfüllt, die Mutter stützt, die Kinder behütet und über alles einen duftigen Schleier zu breiten weiß, so daß niemand ahnt, wer der unsichtbare Schutzgeist des Hauses ist.›

Der große Doktorhaushalt gab viel Arbeit. Meta Heußer wollte nicht nur für die Familie, sondern auch für die Patienten ihres Mannes Zeit haben. In den wenigen stillen Stunden, die ihr neben den vielen Pflichten übrig blieben, zog sie sich in eine Kammer unter dem Dach zurück und schrieb Gedichte. Im Kirchengesangbuch finden wir heute noch den einen oder andern ihrer Verse, die vertont wurden. Manchmal fiel ihr auch ein Spruch für ihre Kinder ein:

‹Am Bitzestollebergli,
Det wohnet siebe Zwergli.
Sie baued a de Raine
Es Stedtli under de Steine,
Und wänn's am achti dunklet
Und d'Liechtli dobe funklet
Und d'Müggli gönd is Bettli,
So schlüfeds us em Stedtli
Und chrüched liis wie d'Müüsli
Dur s'Chämi ab i d'Hüüsli
Und singed uf der Winde:
Guet Nacht, guet Nacht, ihr Chinde!

Von ihren fünf Geschwistern, verstand sich Hanni mit Christian und Netti am besten. Mit Theodor, dem ältesten, lebte sie meistens auf Kriegsfuß, besonders dann, wenn er ihren Puppen Arme und Beine amputierte oder den Bauch aufschnitt. Theodor wurde später Arzt und ein bekannter Chirurg. Für seine drei, an Masern erkrankten Geschwister, hat er als Junge folgenden Vers gedichtet:

‹Christel, Hanni, Netti
Waren drei fetti.
Da sind sie krank geworden
Und schier gar gestorben.›

Und wie war Hanni selbst, als sie noch ein kleines Mädchen war? Anna Ulrich, eine Nichte der Dichterin, schrieb:

‹Sie war lebhaft, ohne je nervös zu sein, strahlend vergnügt mit graublau blitzenden Augen im schmalen, hellfarbigen, gradlinigen Gesichtchen, von Lebenslust sprühend, weder Kälte noch Hitze noch Ermüdung fühlend. Die Freude an beißender Winterkälte war so groß, daß sie eines Tages auf dem Treppenvorplatz vor dem Haus stehend mit der Zunge das Eis am Treppengeländer ableckte. Aus dem Hausflur ertönte die warnende Stimme der Mutter: «Hanni, komm doch herein, du erfrierst ja da draußen!» – Keine Antwort, auch keine Bewegung. Abermalige Warnung der Mutter, ebenso fruchtlos. Nun ging die Mutter hinaus und riß das scheinbar so widerspenstige Töchterlein mit kräftigem Ruck ins warme Haus zurück. Aber wie erschrak sie, als die Kleine an Mund und Zunge heftig blutete: sie war fest gefroren gewesen am Geländer.›

Einmal beim Spiel mit ihren Geschwistern, stürzte Hanni durch ein Loch von

Johanna Spyri, als junges Mädchen, von ihrer Freundin, der Porträtistin Netti Fries, gemalt um 1852. Johanna war mit 17 Jahren nach Zürich gekommen, um sich in französischer Sprache und im Klavierspiel auszubilden. Hier fand ihre Begeisterung für die Literatur reiche Anregung. Lessing, Droste-Hülshoff, Goethe waren ihre Lieblingsautoren. Hier schloß sie auch Freundschaft mit Betsy und Conrad Ferdinand Meyer.

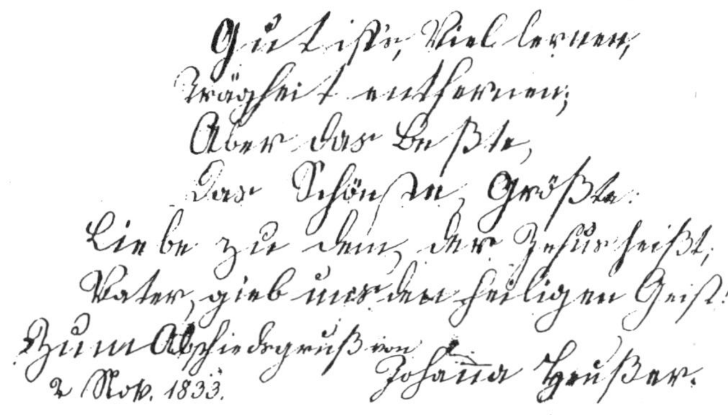

Johanna Spyri hat schon früh unter Anleitung ihrer Mutter Gedichte geschrieben. Mit ihren Geschwistern pflegte sie das Puppenspiel und versuchte sich sogar an Shakespeares «Kaufmann von Venedig». An Samstagen veranstalteten die Heußer-Kinder «Sängerkriege», die mit eigenen Gedichten bestritten werden mußten. Dies ist ein Albumblatt für den später in Hombrechtikon wirkenden Arzt Felix Heußer, das sie mit sechs Jahren geschrieben hat.

der Heubühne auf den steinernen Scheunenboden herunter. Das hätte ihr das Leben kosten können. Noch viele Wochen lang hatte Hanni am Gesicht, an den Armen und Beinen blaue Flecken. Die Mutter fand das Kind blutend und ohnmächtig.
Hanni beobachtete genau, was um sie her vorging. Sie hatte auch ein besonderes Talent, andere Leute nachzuahmen. Bevor sie zur Schule ging, befreundete sie sich mit einem geistig behinderten Bauernmädchen, das nicht deutlich reden konnte:

‹Nun interessierte eben diese gehemmte Sprache Johanna sehr, und mit ihrem Nachahmungstalent redete auch sie bald nur noch in Lisis Art. Alle Verweise von

Betsy Meyer (Mitte) mit zwei Freundinnen. Mit Betsy Meyer, der jüngeren Schwester des Dichters, Conrad Ferdinand Meyer, verband Johanna Heußer eine enge Freundschaft. Sie verkehrte auch in der Montagsgesellschaft der Mutter ihrer Freundin und fand so Anschluß an die kultivierte Zürcher Gesellschaft. «Ich freue mich so sehr auf unsere Betsy» schrieb sie einmal. «Da ist der Boden wie Felsen, wo einer fest gehen muß oder sich ein Loch in den Kopf fällt.»

Mutter und Tante Rägeli fruchteten nichts. Da war aber noch Tante Nettli, Mutters ältere Schwester, die eine besondere Liebe zu dem lustigen Hanni hatte. Anstatt zu schelten, jammerte sie: «Ach, das arme Kind, natürlich hat es sich den Verstand verfallen bei dem Sturz von der Heubühne; denn wie würde es sonst so dumm reden, ach Gott, wie jammerschade grad um dieses Kind!»

Und was Ermahnungen nicht fertig gebracht hatten, das erreichten diese Klagen. Hanni fing sofort wieder an richtig und deutlich zu reden; die Mutter und die beiden Tanten konnten sich beruhigen.
Hanni besuchte mit ihren drei älteren Geschwistern zuerst die Dorfschule. Es war ein Bauernhaus.

‹Es steht ein altes Haus neben der kleinen weißen Kirche des Bergdorfes... Dieses alte Haus war das Schulhaus, wo ich mit den Kindern des Dorfes meinen ersten Unterricht empfing, der weniger darin bestand, daß uns gegeben wurde, was wir brauchten, als darin, daß wir nehmen konnten, was wir wollten, und ich wollte wenig. Wenn ich ungefähr wußte, um was es sich handelte, damit ich eine ungefähre Antwort bereit hätte, wenn ich befragt würde, so war ich zufrieden. Da ich den äußersten Platz auf unserer Bank ganz nahe am Fenster hatte, so schaute ich meistens über die grüne Wiese hin, wo der Sonnenschein so warm am Boden lag, und wo die weißen Schmetterlinge so wonnig in die blaue Luft stiegen – und weiter hinaus nach dem schmalen Wiesenwege, der den Hügel hinunter führte unter den Eschen durch, wo der Wind so herrlich über einem rauschte. Wenn man nur darunter stände.›

«Hanneli, du wirst eine Närrin!» prophezeite der alte Lehrer Strickler, der sich während des Unterrichtes hin und wieder eine Prise Schnupftabak zu Gemüte führte und dann auch entsprechend niesen musste. Die Schüler saßen eng nebeneinander auf langen Bänken. Die Schulstube war zugleich auch das Wohnzimmer des Lehrers. Wenn er in einem kleinen Nebenzimmer die Zeitung las, konnte er durch ein Astloch die ganze Klasse überblicken, in den vordersten Bänken die kleinen Erstklässler und hinten die Oberschüler.
Hanni fand die Schule eine langweilige Einrichtung, und sie erinnerte sich noch viele Jahre später, was die Vier-Uhr-Glocke für eine Befreiung bedeutete:

‹Dann ging die Tür auf und hinaus stürmten wir in den Abendwind, zu jauchzen und zu lachen endlich in ungehemmten Strömen. Am späteren Abend fanden wir uns – meine Freundin Vrony und ich – gewöhnlich noch einmal zusammen, wenn der Tag sich neigte: da hatte Vrony noch einen freien Moment. Dann rannte ich den Hügel hinunter. Auf dem Rasenplatz bei der Kirche erwartete mich Vrony. Dann kletterten wir auf die Kirchhofmauer und sprangen auf der andern Seite hinunter auf den Weg und rannten davon über die Wiesen nach dem Rasensitz, wo die Eschen rauschten, und der Himmel

Wohnhaus am Hirschengraben in Zürich, das das junge Ehepaar Spyri kurz nach seiner Hochzeit bezogen hat.

Anna Ulrich-Heußer. Die Schwester Johanna Spyris verheiratete sich 1852 mit dem Baumeister Friedrich Ulrich von Zürich. Johanna Spyri hat ihr Bild in «Wo Gritlis Kinder hingekommen sind» in der Gestalt der Schwester Rickli gezeichnet.

Meta Heußer, eine der jüngeren Schwestern Johannas. Sie blieb unverheiratet und wohnte bis zu ihrem Lebensende im Doktorhaus in Hirzel, wo sie 1904 gestorben ist.

Johanna Heußer, die erst mit über 50 Jahren zu schreiben begann und mit ihren Büchern, vor allem dem «Heidi» unter ihrem späteren Namen Johanna Spyri weltberühmt geworden ist.

Regula Heußer, die in der Familie auch «Ega» genannt wurde, war die jüngste Schwester Johanna Spyris. Sie blieb unverheiratet und wohnte im Doktorhaus in Hirzel.

gegen den Abend golden glühte. Drüben standen die dunkeln Felsenspitzen des Pilatusberges auf dem lichten Abendhimmel, und die Hügel umher lagen so lokkend grün im Abendschein. Dann tönte die Betglocke von der nahen Kirche herüber; wir standen still und lauschten und schauten nach dem verglimmenden Licht, fern hinter den Felsenzacken.›

Als die Doktorskinder Lesen, Schreiben und Rechnen konnten, fanden die Eltern, es wäre nun an der Zeit für sie, auch noch etwas anderes zu lernen. Der Dorfpfarrer übernahm den Unterricht. Das Schulzimmer des Lehrers wurde mit der Studierstube des Pfarrers vertauscht. Am Unterricht nahm auch das mit Hanni gleichaltrige Töchterchen des Pfarrers teil. Er gab den Kindern Deutsch, Geschichte, Geographie und Zeichnen. Das waren Fächer von denen der Lehrer Strickler nur eine Ahnung hatte. Sie waren schon eher nach Hannis Geschmack.

Nur eines konnten Hanni und Netti nicht verstehen. Der Herr Pfarrer war ein starker Raucher und spuckte manchmal auf den Boden. So etwas kam in dem peinlich sauberen Elternhaus der beiden Mädchen nicht vor. Eines Tages, auf dem Heimweg, nannte Hanni den sonst verehrten Pfarrherrn ein Schwein.

Bruder Theodor hörte das und freute sich darüber. Wenn er nun beim Spielen befehlen wollte oder für den Leiterwagen zwei Zugrößlein brauchte, wenn er eine aufgetragene Arbeit lieber den andern zuschieben wollte, so brauchte er nur zu drohen: «Wenn ihr nicht macht, was ich will, so sage ich dem Herrn Pfarrer, was ihr von ihm gesagt habt!»

Hanni ließ sich aber nicht so schnell einschüchtern. Sie war selbständig und wußte genau, was sie wollte. Einmal, während die Mutter und die Tante zu einer Badekur in Pfäfers weilten und die drei älteren Geschwister sie besuchen durften, marschierte die neunjährige Hanni allein von Hirzel nach Zürich. Der Vater hatte ihr erlaubt, die Verwandten in Wollishofen zu besuchen. Es war ein Marsch von fünf Stunden. Zum Glück wußte die Mutter nichts davon. Sie hätte sonst sicher keine ruhige Minute gehabt.

Eine Reise nach Zürich war etwas Besonderes. Und was es da für ein Kind aus einem kleinen Bergdorf in den Schaufenstern alles zu bewundern gab! Zusammen

Johannes Theodor Heußer-Flugi wurde wie sein Vater Arzt und später ein bekannter Chirurg. Er ließ sich mit seiner Gattin Regina von Flugi in Richterswil nieder. Johanna hat sein Bild in «Gritlis Kinder» in der Gestalt des tierliebenden Fred gezeichnet.

Christian Heußer war der Lieblingsbruder von Johanna. Er studierte in Berlin Naturwissenschaften, wurde Privatdozent an der Universität Zürich. Später wanderte er nach Brasilien aus und widmete sich der Vieh- und Schafzucht. Er starb kinderlos 1909 in Buenos Aires.

mit ihrer Zürcher Freundin Netti, entdeckte Hanni eines Tages eine Harfe. Weil das Geld, das Hanni besaß, zum Kauf des Instrumentes nicht ausreichte, mußte sich Netti daran beteiligen. So wurde die Harfe Gemeineigentum der beiden. Vierzehn Tage blieb sie nun bei Netti in Zürich, dann brachte sie der alte Bote für die nächsten zwei Wochen ins Doktorhaus auf den Berg.

Die Doktorsleute waren nicht reich. Das Spielzeug, das die Kinder zu Weihnachten geschenkt bekamen, war meistens selbst fabriziert: gestrickte Puppen, ein kleines Theater mit selbstgemalten Figuren und Kulissen. Die Stücke erfanden die Kinder ebenfalls selbst. Sie schrieben auch Verse, die dem Vater am Sonntagabend vorgelesen wurden. Einige dieser Verse der Heußer Kinder hat Johanna Spyri in ihren Geschichten wieder verwendet. Der folgende stammt von Christian:

‹Legt ein Huhn ein Ei für euch,
Müßt ihr es nicht stören;
Ist es fertig, merkt ihr's gleich,
Denn man kann es hören.›

Hannis erstes uns bekanntes Gedicht:
‹Die Sterne glühen,
Die Schatten ziehen,
Des Tages Mühen
Entweichen sacht.

Des Herzens Wunde
Im tiefsten Grunde
Erweckt die Stunde
Der stillen Nacht.›

Als Bernhard Spyri 1868 zum Stadtschreiber gewählt worden war, bezog das Ehepaar Spyri die Dienstwohnung im alten Stadthaus. Hier schrieb sie ihre ersten Erzählungen und später ihre weltberühmt gewordenen Kindergeschichten.

Das tönt eigentlich traurig für ein kleines Mädchen, von dem erzählt wird, daß es immer guter Dinge und fröhlich gewesen sei.
Hanni wußte aber, daß es im Leben auch die Trauer gibt. Der Tod der Großmutter beschäftigte und bewegte sie lange. Frau Heußer schrieb über den Tod ihrer Mutter:

‹Am 2. Januar in einem ganz wachen Augenblicke segnete sie noch einmal jedes ihrer Kinder und Enkel, nicht mit Worten, aber mit Blick und Kuß und freundlichem Lächeln. So oft sie noch aufblickte, lächelte sie uns an, und bekräftigte gar oft ein Wort der heiligen Schrift, das ihr gesagt wurde, mit solch' einem Blick und leisem «Ja, ja!». Mit dem sinkenden Tag

Bernhard Spyri. 1852 heiratete Johanna Heußer, den Jugendfreund ihres Bruders Theodor, den Zürcher Rechtsanwalt Bernhard Spyri. Mit ihrer Heirat siedelte sie ganz nach Zürich über. Der junge Rechtsanwalt war auch mit Gottfried Keller befreundet und teilte seine politischen Ansichten. Als er sich mit Johanna Heußer verlobte, nannte Gottfried Keller dies einen «gescheiten Streich».

Johanna Spyri. Das Leben an der Seite ihres ruhigen und ideal empfindenden Gatten, gab ihr volle Entfaltungsmöglichkeiten. Ihr Heim am oberen Hirschengraben wurde bald Treffpunkt interessanter und bedeutender Gäste.

entschlief sie: es war kein Sterben... und abends fünf Uhr lag die heiter lächelnde, friedvolle Leiche vor uns und wir glaubten die Nähe der lobsingenden Schar zu empfinden – es war ein tiefer, unbeschreiblicher Friede, durch nichts gestört, als durch das laute Schluchzen der untröstlichen Enkelkinder, die fast nicht ohne das Großmütterchen leben können.›

Hanni wußte nicht nur um den Tod, sondern wußte auch aus eigenem Erleben, daß es Verschupfte und Unverstandene gab. In ihren Geschichten kommen immer wieder Kinder vor, die es schwer haben. Sie kannte solche Kinder und litt mit ihnen. In der Geschichte ‹Ihrer keines vergessen› beschrieb Johanna Spyri in dem Mädchen Nelly sich selbst:

‹Wenn Kinderaugen auch schneller wieder hell werden, als die großer Leute, im Augenblick des Schmerzes selbst können Kinder unsäglich leiden. Sie leiden mit dem erdrückenden Gefühl: so bleibt es immer und kann nimmer anders werden. Auch Nellys Augen wurden bald wieder hell; aber lange Zeit noch, wenn sie draußen auf dem Platz mit den andern Kindern umherlief und im Spiel ihr Gesicht an den Stamm des Birnbaums legte, daß sich die andern derweil verstecken sollten, schoß ihr mit einem Mal die Erinnerung ins Herz wie ein scharfer Pfeil, und sie blieb stehen und drückte ihr Gesicht tiefer in die Arme. Wollte dann eines der Kinder sie wegziehen vom Baum, daß das Spiel seinen Fortgang habe, sagte sie mit erdrückter Stimme: «Laß mich! Laß mich! Ich kann nicht mehr spielen.»

Manchmal durfte Hanni den Vater auf seinen Krankenbesuchen begleiten. Er hatte Verständnis für seine einfachen Patienten. Mit Pferd und Chaise besuchte er sie bis nach Schwyz und Zug. Als Sohn einer Kleinbauernfamilie hatte sich Doktor

Bernhard Diethelm Spyri. Das einzige Kind Johanna Spyris ist 1855 geboren. Der musikalisch begabte Junge entschloß sich wie sein Vater für die Rechtswissenschaften. Er studierte zuerst in Heidelberg und setzte sein Studium in Leipzig fort. Trotz einer beginnenden Krankheit beendete er sein Studium. Er ist mit 29 Jahren in Zürich gestorben.

Ausschnitt aus einem Brief Conrad Ferdinand Meyers an Johanna Spyri: *«Sie sind ein großes Talent, liebe Freundin!»* Der große Dichter schätzte das Werk Johanna Spyris. Vor allem imponierten ihm die hohen Auflagen der Bücher Johanna Spyris.

Heußer das Studium schwer erkämpfen müssen. Schon als junger Arzt interessierte er sich nicht nur für Menschen, die körperlich krank waren, sondern auch für solche, die seelisch litten. Oft nahm er sie in sein Haus auf, um sie besser beobachten und pflegen zu können. Ebenfalls in der Geschichte ‹Ihrer keiner vergessen› erinnerte sich Hanni an eine gemütskranke Frau.

‹Jetzt ging die Tür auf, und eine große, bleiche Frau trat heraus. Einen Augenblick stand sie regungslos, ihr Gesicht der hellen Morgensonne zugewandt. Die Furchen tiefen Leidens waren in dieses Gesicht eingegraben, die dunklen glanzlosen Augen schauten wie träumend umher, sie schienen nicht aufzunehmen, was sie anblickten. Um den geschlossenen Mund der Kranken lag eine Traurigkeit, die jedem das Herz bewegen mußte, und die mehr erzählte, als dieser Mund je mit Worten hätte sagen können. Nelly trat zu der Frau heran, und nun ihr Blick auf das Kind fiel, ging ein leiser Zug von etwas wie Freude über das blaße Gesicht.
«Bist du da?» sagte sie, Nellys Hand ergreifend.
«Ja, ja, schon lang», erwiderte Nelly, «es ist schön heute, wollen wir auf den Rain gehen?»
«Wie du willst», sagte willenlos die Kranke. «Aber ich bin müde, kann ich auch nach dem Rain gehen?»
«O ja», versetzte Nelly zuversichtlich. «Sie können sich nur auf meine Achsel stützen mit dem einen Arm, und dann will ich gleich einen Stock holen für den andern.» – Damit lief Nelly der nahen Scheune zu, warf ihre sämtlichen Blumen über Bord, die Pfeifen waren vergessen, und kehrte bald mit einer hohen Stange zurück, die wohl den rankenden Bohnen im Garten als Stütze dienen sollte. Mit großer Kraftanstrengung wurde sie nun von Nelly mitten entzwei getreten und die eine Hälfte der Hand der Kranken übergeben.›

Hanni dachte manchmal daran, Krankenschwester zu werden. Aber im Grunde interessierte sie sich stärker für Berufe, die damals nur den Jungen vorbehalten waren.
Auch die Mutter machte sich über die Zukunft ihrer Töchter Gedanken. In ihren Erinnerungsblättern schrieb sie:

Conrad Ferdinand Meyer.
Mit Conrad Ferdinand Meyer verband Johanna Spyri eine langjährige, innige Freundschaft. Der nervöse und zurückhaltende Dichter, der die Gesellschaft mied, fand rasch den Weg zu der Freundin seiner Schwester Betsy. Meyer, der vor allem weibliche Gesellschaft floh, nannte Johanna Spyri «eine gescheite Frau».

‹In jenen Jahren, als der Vater für die Ausbildung der Söhne zu sorgen hatte, wäre es wohl unmöglich gewesen, ihn zu überzeugen, daß auch für die Töchter etwas getan werden müsse, – sie lernten ja zuhause, was die Mutter und die Tante gelernt hatten! ... Es lag mir sehr an, daß meine Mädchen in den Stand gesetzt würden, wenn der Vater – frühe vielleicht – sterben sollte, sich durch Unterrichtgeben oder als Erzieherinnen eine Existenz erringen könnten. Dazu war neben dem Wenigen, das sie sich zu Hause aneignen konnten, hauptsächlich Französisch und etwas Musik – Klavier – notwendig.›

‹Französisch und etwas Musik› genügten, um als Erzieherin angestellt zu wer-

Gottfried Keller. Der große Zürcher Dichter, politisch mit Bernhard Spyri verbunden, verkehrte oft im Hause des Stadtschreibers, zusammen mit den deutschen Professoren Semper und Exner und bildeten eine für die junge Johanna Spyri anregende Gesellschaft.

Richard Wagner. Der berühmte Komponist Richard Wagner war 1853 als Flüchtling nach Zürich gekommen. Bernhard Spyri stellte sich im Kampf um Richard Wagner auf dessen Seite und unterstützte ihn mit seiner Zeitung und durch finanzielle Hilfe. Johanna Spyri stand dem deutschen Revolutionär und großen Musiker etwas skeptischer gegenüber.

den. Ebenso wichtig war gutes Benehmen. Das alles sollte nun Hanni lernen.
Zwei Jahre vor ihrer Konfirmation, 1841, schickten die Eltern ihre Tochter für zwei Jahre nach Zürich, wo sie bei einer Tante am Hirschengraben wohnte und Musik- und Französischstunden besuchte.
Hanni lernte neue Menschen kennen, schloß Freundschaften, begeisterte sich für alles Edle und Schöne, war bald himmelhochjauchzend und dann wieder zu Tode betrübt. Sie befreundete sich mit Betsy Meyer, der Schwester Conrad Ferdinand Meyers. Auch mit ihm, dem berühmten Dichter, blieb sie ein Leben lang verbunden. Viele Briefe zeugen davon. Die Mutter der beiden schloß Hanni ins Herz und nannte sie ‹ein waldstromartiges Wesen›.

‹Ich kam vom Vaterhause weg nach der Stadt, um nun einmal etwas pünktlich, nicht nur ungefähr zu erlernen. Nach einigen Jahren wurde ich noch weiter versetzt, nach dem schönen Waadtland, damit die etwas störende Raschheit meiner Natur sich in französische Grazie verwandeln möchte, was nicht gelang.›

Über Hanni Heußers lustige Streiche im Hause Develay in Yverdon wurde noch lange gesprochen.
Hanni kehrte, zwar älter geworden, aber natürlich geblieben, wieder auf ihren geliebten Berg nach Hirzel zurück.

‹Als ich nach den bestandenen Lehrjahren ins Vaterhaus zurückkehrte, da stand noch der alte Nußbaum an der Gartenhecke wie ehemals, und die Amsel sang darauf; drüben leuchteten die Schneeberge, und vor der weißen Kirche tönte die Abendglocke herauf wie ehemals – aber irgendwie war doch alles anders. Die Menschen hatten sich verändert, die einen waren größer, die andern kleiner geworden.›

Hanni half nun der Mutter im Haushalt, dem Vater in der Praxis. Sie wurde die Sprachlehrerin ihrer beiden jüngeren Schwestern, Ega und Meta. In ihrer freien Zeit las sie. Sie entdeckte die großen Dichter, verehrte Lessing und Goethe. Besonders hingezogen fühlte sie sich zu Annette von Droste-Hülshoff.
Bruder Theodor hatte sich mit einer Bündnerin verheiratet. Durch die Familie

ihrer Schwägerin lernte sie neue Landschaften kennen. Großen Eindruck machte ihr das Engadin.
Und auch Heidi ist ja ein Kind aus den Bündner Bergen.

‹Heidi stieg die Alm hinan mit seinem Korb am Arm. Die Abendsonne leuchtete ringsum auf die grüne Alp, und jetzt war auch drüben das große Schneefeld am Scesaplana sichtbar geworden und strahlte herüber. Heidi mußte alle paar Schritte wieder stillstehen und sich umkehren, denn die hohen Berge hatte es im Rücken beim Hinaufsteigen. Jetzt fiel ein roter Schimmer vor seinen Füßen auf das Gras, es kehrte sich um, da – so hatte es die Herrlichkeit nicht mehr im Sinn gehabt und auch nie so im Traum gesehen – die Felshörner am Falknis flammten zum Himmel auf, das weite Schneefeld glühte, und rosenrote Wolken zogen darüber hin. Das Gras rings auf der Alp war golden, von allen Felsen flimmerte und leuchtete es nieder, und unten schwamm weithin das ganze Tal in Duft und Gold. Heidi stand mitten in der Herrlichkeit, und vor Freude und Wonne liefen ihm die hellen Tränen die Wangen herunter, und es mußte die Hände falten und in den Himmel hinaufschauen und ganz laut dem lieben Gott danken, daß er es wieder heimgebracht hatte und daß alles, alles noch so schön sei und noch viel schöner als es gewußt hatte, und daß alles wieder ihm gehöre.›

Johanna Spyri gehörte zu den seltenen

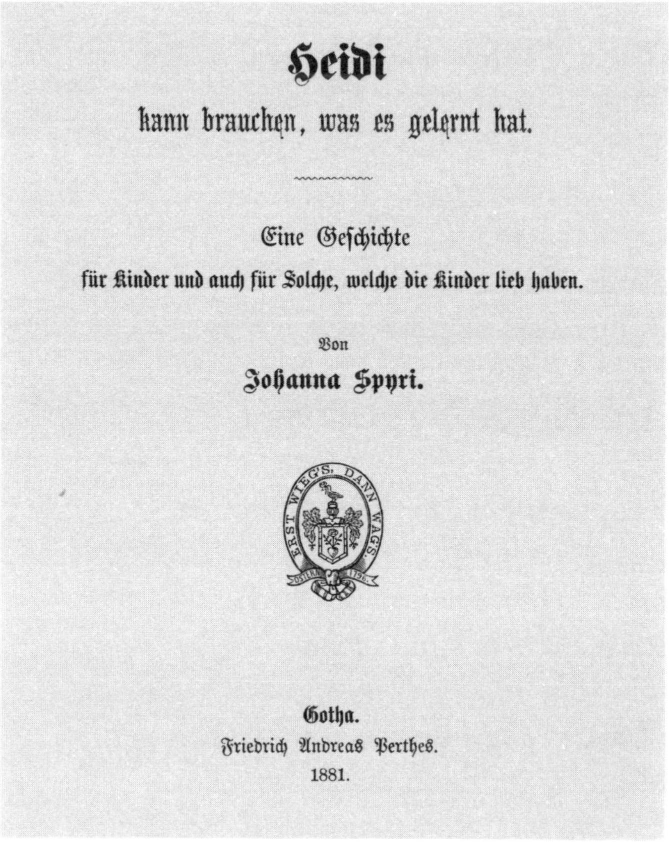
Heidi

kann brauchen, was es gelernt hat.

Eine Geschichte

für Kinder und auch für Solche, welche die Kinder lieb haben.

Von

Johanna Spyri.

Gotha.

Friedrich Andreas Perthes.

1881.

Umschlagsillustration von Paul Hey zu «Heidis Lehr- und Wanderjahre». Er wählte dafür die einprägsame Szene von Heidi mit den beiden Lieblingsgeißen Schwänli und Bärli auf der Alpwiese.

Andreas Perthes (1813–1890), der Verleger von Johanna Spyris Werken. Andreas Perthes war der jüngste Sohn des berühmten deutschen Verlagsbuchhändlers Friedrich Perthes aus erster Ehe. Er wurde der Geschäftsnachfolger des Vaters. Er hat mit großem Erfolg Johanna Spyris Werke verlegt.

Titelblatt der ersten Auflage von «Heidi kann brauchen, was es gelernt hat. Eine Geschichte für Kinder und auch für solche, welche die Kinder lieb haben.» Dies war die Fortsetzung zum sehr erfolgreichen Buche «Heidis Lehr- und Wanderjahre». Ihr Sohn sagte allerdings: «Mutter, das hättest du nicht tun sollen, du hättest keinen zweiten Band «Heidi» schreiben sollen.»

Kindern, die schon früh von der Natur geprägt und beeindruckt werden. Die enge Beziehung zu Landschaften und zum Naturgeschehen hat die Dichterin ihr Leben lang begleitet. Der Grundstein dazu lag in ihrer Kindheit auf dem Berg, auf dem Hirzel.

Eines ihrer Gedichte wird noch heute in den Schulen gesungen.

‹Rote Wolken am Himmel,
In den Tannen der Föhn.
Und ich freu' mich, ja, ich freu' mich
Ist der Morgen so schön.

Rote Beeren am Hügel
Wilde Rosen am Hag,
Und ich freu' mich, ja, ich freu' mich
Am sonnigen Tag.›

Sie sagen der Herbst kommt und
das Blatt fällt vom Baum
Und die Freude, ja die Freude
verweht wie ein Traum.

Kommt der Herbst und kommt der
Winter, weiß ich doch noch ein
Glück, ein jeder neuer Frühling bringt
die Rosen zurück.›

Dieses Lied bringt uns das Kind Hanni Heußer noch einmal nahe, das Kind, an das sich die uralte Frau des Dorflehrers erinnerte:

‹Es wimmelte immer alles an ihr, ich meine, ich sehe sie noch rennen, des Doktors Hanni, bergab und bergauf!›

Theodor brachte während seiner Studienzeit übers Wochenende hin und wieder einen Freund mit nach Hause. Er hieß Bernhard Spyri. Hanni machte sich zuerst nicht viel aus ihm. Er war ihr zu ruhig und zu ernst, auch älter als sie.
Aber 1852 – Hanni war fünfundzwanzigjährig – heiratete sie ihn und zog aus dem Elternhaus hinunter nach Zürich. Bern-

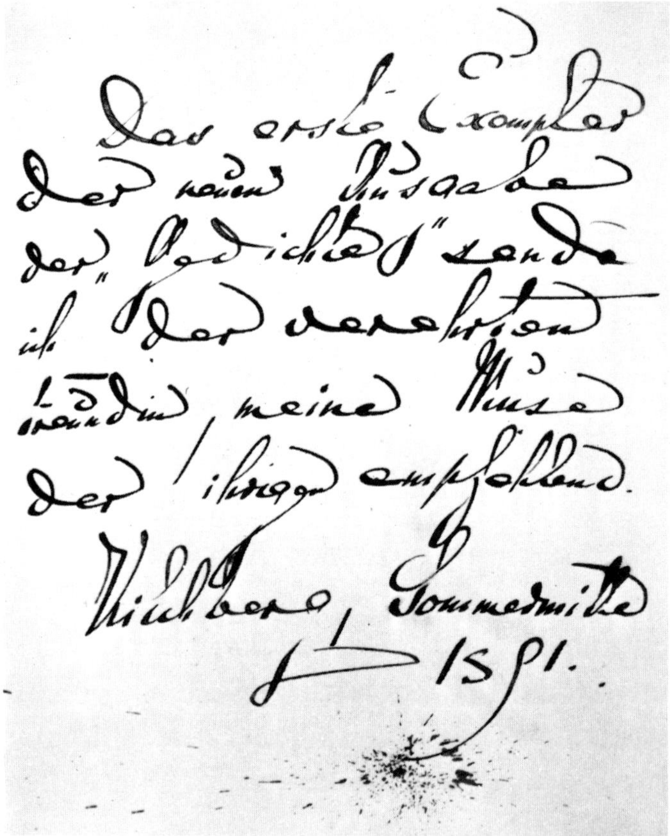
Das erste Exemplar der neuen Ausgabe der "Gedichte" sende ich der verehrten Freundin, meine Muse der ihrigen empfehlend.
Kilchberg, Sommermitte 1891.

Die Freundschaft Johanna Spyris zu Conrad Ferdinand Meyer dauerte auch über den Tod ihres Gatten hinaus an. Johanna ließ kein Werk hinausgehen, ohne es C.F. Meyer vorgelegt zu haben. Aber auch der große Dichter gewährte ihr Einblick in sein Schaffen und sein Werk. So widmete er ihr auch den 1891 in neuer Auflage erschienenen Gedichtband mit der schönen Widmung: «Das erste Exemplar der neuen Ausgabe der ‹Gedichte› sende ich der verehrten Freundin, meine Muse der ihrigen empfehlend, Kilchberg, Sommermitte 1891», mit einem temperamentvollen Klecks.

hard Spyri hatte Rechtswissenschaft studiert und wurde Stadtschreiber.
Das einzige Kind der beiden, ein Junge, wurde nach seinem Vater Bernhard getauft. Bernhard war sehr begabt, vor allem musikalisch. Er starb mit neunundzwanzig Jahren. Dieser Verlust traf die Eltern schwer. Der Vater starb im gleichen Jahr wie der Sohn. Johanna Spyri lebte nach dem Tod ihres Mannes noch fünfzehn Jahre lang am Zeltweg in Zürich.
Mit vierundvierzig Jahren fing Johanna Spyri an Bücher zu schreiben. Neben den Geschichten für Erwachsene, waren es über dreißig für Kinder, nicht nur für Kinder:
‹Geschichten für Kinder und auch für solche, welche die Kinder lieb haben!›

Johanna Spyri ist am 7. Juli 1901 in Zürich gestorben. Ihr berühmtes ‹Heidi› endet mit folgenden Worten der Großmutter:
«Heidi, lies mir ein Lob- und Danklied! Es ist mir, als könne ich nur noch loben und preisen und unserem Gott im Himmel Dank sagen für alles, was er an uns getan hat.»

Die ersten Heidi-Ausgaben erschienen ohne Illustrationen. Für die späteren Ausgaben zeichnete Paul Hey, ein bekannter deutscher Künstler, die Bilder. Diese Illustrationen haben zu einem guten Teil das Bild Heidis geprägt, obschon Landschaft, Kleidung und Umgebung auf den Zeichnungen wenig Land und Leuten der Graubündner Alpen oberhalb von Maienfeld entsprach.

Heidi-Illustration von Rudolf Münger. Rudolf Münger, Maler und Illustrator ist gebürtiger Berner. Seine wesentlichen Werke fallen in die Zeit des Aufblühens der bernischen Heimatschutzbewegung. 1919 schuf er die berühmt gewordenen Illustrationen zu den beiden «Heidi»-Büchern und hat damit Charakter und Eigenheit dieses Werkes künstlerisch wohl am besten getroffen.

Das Herrenbüble

Albert Schweitzer
1875–1965

‹Einmal, ich war damals schon auf dem Gymnasium und in den Weihnachtsferien zu Hause, kutschierte ich im Schlitten. Aus dem Hause des Nachbars Lötscher heraus, sprang kläffend sein als böse bekannter Hund dem Pferde entgegen. Ich glaubte im Recht zu sein, ihm einen gut gezielten Peitschenschlag zu versetzen, obwohl er sichtlich nur aus Mutwillen auf den Schlitten zukam. Zu gut hatte ich gezielt. Ins Auge getroffen, wälzte er sich heulend im Schnee. Seine klagende Stimme klang mir noch lange nach. Durch Wochen hindurch konnte ich sie nicht loswerden.›

Der Mann, der sich aus seiner Kindheit an dieses Erlebnis erinnert, ist Albert Schweitzer.

Albert Schweitzer ist 1875 in Kaysersberg im Elsaß geboren und neunzig Jahre später, am 4. September 1965 in Afrika, in Lambarene, gestorben. Dort liegt auch sein Grab, geschmückt mit einem einfachen Kreuz. Er hat es sich so gewünscht.

‹Nei, lueget doch das Spinnli a,
wie's zarti Fäde zwirne cha!
Das Gvatter, meinsch, chasch's au ne so?
De wirsch mer's, traui, blibe lo.
Es macht's so subtil und so nett,
i wott nit, assi's z'hasple hätt.›

In dieser Mundart, in der vor 170 Jahren der Dichter Johann Peter Hebel geschrieben hat, war auch Albert Schweitzer zu Hause. In seinen Kindheitserinnerungen sagt er:

Albert Schweitzer mit einem jungen Gorilla in Lambarene. Albert Schweitzers Leben und Denken war von Ehrfurcht vor dem Leben geprägt. Seine Liebe und sein Mitgefühl galt nicht nur kranken, hilflosen Menschen, sondern ganz allgemein allem was lebt, auch Pflanzen und Tieren.

Dieses mittelalterliche Haus im elsäßischen Städtchen Kaysersberg ist das Geburtshaus Albert Schweitzers. Hier lebte er mit seinen Eltern bevor die Familie Schweitzer nach Günsbach zog. Heute dient dieses Haus als Kirchgemeindehaus.

‹Wohl spreche ich von Kindheit auf Französisch gleicherweise wie Deutsch. Französisch aber empfinde ich nicht als Muttersprache, obwohl ich mich von jeher für meine an meine Eltern gerichteten Briefe ausschließlich des Französischen bediente, weil dies so Brauch in der Familie war. Deutsch ist mir Muttersprache, weil der elsässische Dialekt, in dem ich sprachlich wurzle, deutsch ist.›

Ein halbes Jahr nach Alberts Geburt, wurde sein Vater Pfarrer in Günsbach. Als der Vater ‹installiert› wurde, das heißt, als er seine erste Predigt hielt und sein Stellenantritt gefeiert wurde, mußte sich die Frau Pfarrer mit ihrem zweiten Kind, eben dem halbjährigen Albertli, beinahe schämen.

‹Als wir nach Günsbach kamen, war ich ein sehr schwächliches Kind. Bei der Installation meines Vaters hatte mich meine Mutter, so schön sie es nur konnte, in einem weißen Kleidchen mit farbigen Bändern herausgeputzt. Aber keine der zur Feier gekommenen Pfarrfrauen aus der Umgebung wagte, ihr ein Kompliment über das magere Kindchen mit dem gelben Gesichtchen zu machen. Da konnte sich meine Mutter – sie hat es mir oft erzählt – nicht mehr beherrschen. Sie flüchtete mit mir in das Schlafzimmer und weinte heiße Tränen über mir.›

Aber die gute Landluft und die Milch der Kuh des Nachbars taten Wunder. Albert wurde bald ein kräftiger kleiner Junge. In seinem Buch ‹Aus meiner Kindheit und Jugendzeit› schreibt er über seine ersten Erinnerungen:

‹Meine erste Erinnerung ist der Teufel. Mit drei oder vier Jahren durfte ich schon alle Sonntage mit in die Kirche. Ich freute mich die ganze Woche darauf. Noch fühle ich auf meinen Lippen die Zwirnhandschuhe unserer Magd, die mir die Hand

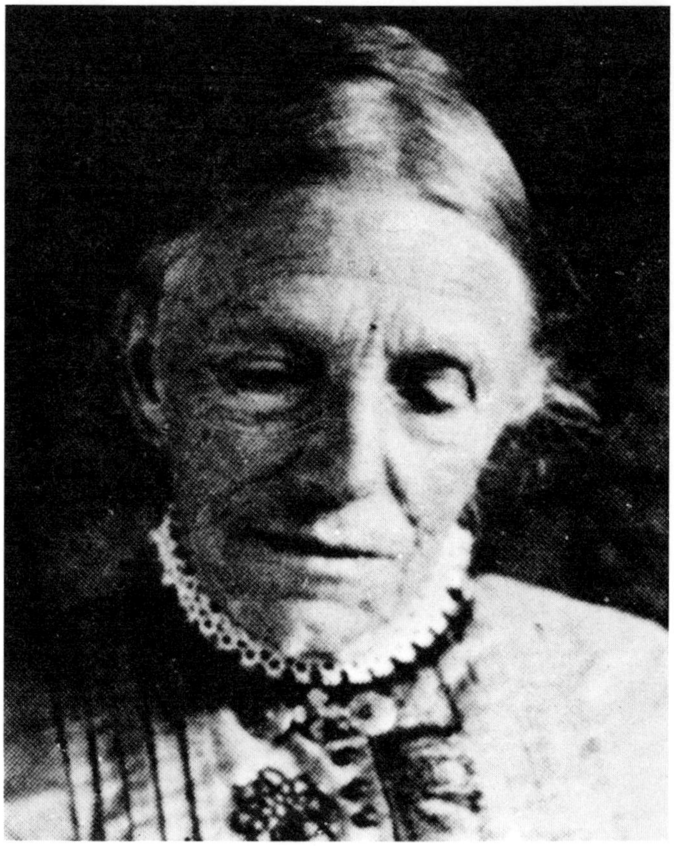

Adèle Schweitzer, die Mutter. Sie stammte aus dem elsäßischen Münstertal, wo ihr Vater Pfarrer in Mühlbach war. Frau Schweitzer liebte Blumen und Vögel; ihr größtes Glück war ihr Garten mit Heliotrop, Hyazinthen, Phlox und Nelken.

auf den Mund legte, wenn ich gähnte oder zu laut mitsang. Jeden Sonntag nun erlebte ich es, daß aus blitzendem Rahmen oben seitwärts von der Orgel herunter, ein zottiges Antlitz sich hin und her wendend in die Kirche herunterschaute. Es war sichtbar, solange die Orgel spielte und der Gesang dauerte, verschwand wieder, sobald mein Vater am Altar betete,

Louis Schweitzer, der Vater. Louis Schweitzer hatte zwei Brüder, Charles und Auguste. Charles hat einmal behauptet: «Auguste ist der Reiche, Louis der Fromme und ich bin der Gescheite.» Louis wurde wirklich der Fromme. 50 Jahre lang war er Pfarrer und schrieb nebenher Kalendergeschichten.

kam wieder, sowie wieder gespielt und gesungen wurde, verschwand wieder, sobald mein Vater predigte, um nachher zu Gesang und Orgelspiel noch einmal zu erscheinen. «Dies ist der Teufel, der in die Kirche hereinschaut», sagte ich mir. «Wenn dein Vater mit dem Worte Gottes anfängt, muß er sich davonmachen.» – Diese allsonntäglich erlebte Theorie gab den bestimmenden Ton in meiner kindlichen Frömmigkeit an. Erst viel später, als ich schon längere Zeit in die Schule ging, wurde mir klar, daß das zottige Antlitz, das so merkwürdig kam und verschwand, dem Organisten angehörte und in dem Spiegel erschien, der an der Orgel befestigt war, um den Organisten schauen zu lassen, wann mein Vater an den Altar oder auf die Kanzel trat.›

Der Schrecken von Albert Schweitzers früher Kindheit war der Sakristan und Totengräber Jägle:

‹Wenn er am Sonntagmorgen nach dem Zeichenläuten ins Pfarrhaus kam, um die Nummern der zu singenden Lieder und das Taufgeschirr zu holen, griff er an meine Stirn und sagte: «Die Hörner wachsen.» – Die Hörner waren meine Sorge. Ich hatte nämlich ziemlich starke Höcker an der Stirn, die mir arg zu denken gaben, seitdem ich in der Bibel Moses mit Hörnern abgebildet gesehen hatte.›

Nachdem Albert die Angst vor Hörnern an seiner Stirn beinahe ein Jahr lang mit sich herumgetragen hatte, erfuhr er dann von seinem Vater, daß Moses der einzige

Mensch mit Hörnern gewesen sei, und daß er nichts zu fürchten habe. Doch der Sakristan erfand etwas Neues, mit dem er den kleinen Pfarrerssohn erschrecken konnte.

‹Er redete mir vom Soldatsein. – «Jetzt sind wir preußisch», sagte er, «und bei den Preußen muß jeder Soldat sein. Und die Soldaten tragen Kleider aus Eisen. In ein paar Jahren mußt du dir dann die Kleider beim Schmied drüben an der Straße anmessen lassen.» – Daraufhin suchte ich jede Gelegenheit, vor der Werkstätte des Schmieds stehenzubleiben, um zu sehen, ob ein Soldat käme, sich ein Kleid anmessen zu lassen. Es trafen aber immer nur Pferde und Esel zum Beschlagen ein.›

Der Sakristan hatte es sicher nicht böse gemeint. Er wollte wohl einfach seinen Spaß haben und vielleicht auch Albert dazu bringen, Spaß zu verstehen. Aber für ein Kind, das noch nicht einmal zur Schule ging, waren Geschichten von wachsenden Hörnern und Eisenkleidern doch etwas zuviel des Guten.
Die Eltern entdeckten früh, daß Albert musikalisch war. Als er fünf Jahre alt war, gab ihm sein Vater auf einem alten, vom Großvater ererbten Tafelklavier den ersten Unterricht.

Pfarrer Schweitzer hatte fünf Kinder; zwei Söhne und drei Töchter. Auf dem Bilde stehend von links nach rechts: Louise, Albert, auch Berry genannt, und Adèle. Sitzend: Marguerite, die Mutter, Paul und der Vater.

‹Von Noten spielte ich nicht viel ab. Meine Freude war, zu improvisieren und Lieder und Choralmelodien mit selbst erfundener Begleitung wiederzugeben. Als nun in der Gesangstunde die Lehrerin fortgesetzt den Choral Note für Note ohne Begleitung anschlug, empfand ich dies als nicht schön und frug sie in der Pause, warum sie ihn nicht richtig mit Begleitung spiele. Im Eifer setzte ich mich an das Harmonium und spielte ihr schlecht und recht mehrstimmig aus dem Kopfe vor. Da wurde sie sehr freundlich zu mir und schaute mich merkwürdig an. Aber selber tippte sie den Choral auch weiterhin immer nur mit einem Finger. Da ging mir auf, daß ich etwas konnte, was sie nicht konnte, und ich schämte mich, ihr mein Können, das ich für etwas Selbstverständliches angesehen hatte, vorgemacht zu haben.›

Sonst aber war Albert etwa gar kein Musterschüler. Das Lesen und Schreiben machte ihm Mühe.
In einem kleinen Bauerndorf, wie Günsbach war es nicht so einfach, der Bub des Pfarrers zu sein.

‹Ich war nicht händelssüchtig. Aber ich liebte, in freundschaftlichem Raufen meine Körperkräfte mit andern zu messen. Eines Tages, auf dem Nachhauseweg von der Schule, rang ich mit Georg Nitschelm, der größer war und für stärker galt als ich, und bezwang ihn. Als er unter mir lag, stieß er hervor: «Ja, wenn ich alle Woche zweimal Fleischsuppe zu essen bekäme wie du, da wäre ich auch so stark wie du!» – Erschrocken über dieses Ende des Spiels, wankte ich nach Hause. Georg hatte mit böser Deutlichkeit ausgesprochen, was ich bei andern Gelegenheiten schon zu fühlen bekommen hatte. Die Dorfknaben ließen mich nicht ganz als einen der Ihrigen gelten. Ich war für sie der, der es besser hatte als sie, das Pfarrerssöhnle, das Herrenbüble.›

Jedesmal wenn nun Fleischsuppe auf den Tisch kam, mußte Albert an Georgs Worte denken. Er litt darunter. Er wollte sich in nichts von den andern unterscheiden.

‹Auf den Winter hatte ich einen Mantel bekommen, aus einem alten meines Vaters gemacht. Aber kein Dorfknabe trug einen Mantel. Als der Schneider ihn mir anprobierte und gar noch sagte: «Potztausend Albert, jetzt bist du bald ein Monsieur!» verbiß ich mit Mühe die Tränen. Am Tage aber, wo ich ihn zum erstenmal anziehen sollte – es war an einem Sonntagmorgen zur Kirche – weigerte ich mich. Es gab einen üblen Auftritt. Mein Vater verabreichte mir eine Ohrfeige. Es half nichts. Man mußte mich ohne Mantel zur Kirche mitnehmen.›

Auch eine Matrosenmütze, die Alberts Mutter ihm in Straßburg kaufen wollte, lehnte Albert ab. Wie die Bauernjungen, wollte er Fausthandschuhe tragen und in Holzschuhen gehen. Eher ließ er sich in den Keller sperren oder nahm Ohrfeigen hin, als sich etwa als ‹Herrenbüble› auf der Straße zu zeigen. Aber trotzdem riefen ihm die Buben beim geringsten Streit, das für ihn furchtbare Wort ‹Herrenbüble› nach.
Als Albert Schweitzer ein kleiner Junge

war, erlebte er das Aufkommen des Fahrrades.

‹Mehrmals hatten wir gehört, wie die Fuhrleute sich gegen Menschen ereiferten, die auf hohen Rädern einherrasten und die Pferde erschreckten. Eines Morgens aber, während wir in der Pause auf dem Schulhof spielten, wurde bekannt, daß im Wirtshaus an der Straße drüben ein ‹Geschwindläufer› eingekehrt sei. Die Schule und alles vergessend, rannten wir hin und bestaunten das hohe Rad, das draußen stand. Auch viele Erwachsene fanden sich ein und warteten mit uns, daß der Fahrer mit seinem Schöpple Wein fertig wäre. Endlich trat er heraus. Da lachte alles, daß ein erwachsener Mann kurze

Der junge Albert besuchte die Volksschule in Günsbach. Hier eine Klassenphotographie von 1882. Der kleine Albert steht in der zweiten Reihe als sechster Schüler von links. (Schwarzes Kleid mit weißem Kragen.)

Schulhaus und Dorfplatz in Günsbach. Albert Schweitzer war zeitlebens froh, eine Dorfschule besucht zu haben. Nach einigen Jahren wechselte er zur Realschule von Münster über und danach wurde er Gymnasiast in Mühlhausen.

Hosen trug. Und schon saß er auf seinem Rad und fuhr auf und davon.›

Der Besitz eines Rades wurde für die Jungen zum größten Wunsch. Albert verdiente es sich später selbst. Auf dem Gymnasium gab er zurückgebliebenen Schülern Mathematikstunden. Es war ein gebrauchtes Rad und kostete zweihundertunddreißig Mark. Albert hatte anderthalb Jahre dafür gearbeitet.

‹Die Jugend von heute kann sich nicht mehr vorstellen, was das Aufkommen des Rades für uns bedeutete. Eine bisher ungeahnte Möglichkeit in die Natur hinauszukommen, wurde uns aufgetan. Ich habe sie reichlich und mit Wonne ausgenützt.›

Der unheimlichste Ort für den kleinen Albert, war die Studierstube seines Vaters. Wie konnte man das aushalten, tagelang an einem Tisch zu sitzen! Er nahm sich vor, nie ein schreibender und studierender Mensch zu werden. Albert betrat die Studierstube nur, wenn er unbedingt mußte.

Albert Schweitzer im Alter von etwa neun Jahren.
Die Buben vom Dorf sahen den kleinen Albert nicht ganz als einen der Ihren an. Er galt als Sohn des Pfarrers als etwas «Besseres» als ein «Herrenbüble».

‹Das war zwischen Weihnachten und Neujahr. Da kam der Tag, an welchem es nach dem Morgenessen aus dem Munde des Vaters hieß: «Heute werden die Briefe geschrieben! Die Weihnachtsgeschenke nehmt ihr an. Aber wenn's dann heißt, an die Dankbriefe gehen, da seid ihr zu faul. Darum dran! und ich will keine verdrossenen Gesichter sehen!» – Oh diese Stunden, während deren ich mit meinen Schwestern im Studierzimmer saß, die Bücherluft einatmete, die Feder meines Vaters auf dem Papier kratzen körte, im Geiste bei den Kameraden war, die auf ihren Schlitten den Weg hinter der Kirche heruntersausten... und an Onkel, Tanten, Taufpaten und andere Geber von Weihnachtsgeschenken Briefe schreiben sollte! Und was für Briefe! So etwas Schweres für die Feder ist mir in meinem Leben überhaupt nicht mehr vorgekommen... Jeder Brief sollte zuerst ins Unreine geschrieben und dem Vater vorgelegt werden. Dann hieß es ihn verbessern oder neu bearbeiten und zuletzt auf einem schönen Briefbogen ohne Fehler und ohne Tintenkleckse abzuschreiben. Oft ging's zum Mittagessen, und ich hatte noch nicht einmal eins von den sechs oder sieben erforderlichen Schreiben entworfen! Jahrelang hatte ich die Mahlzeiten zwischen Weihnachten und Neujahr mit meinen Tränen gesalzen. Einmal fing ich gleich nach der Bescherung am Christfest, im Hinblick auf die dadurch unvermeidlich gewordenen Briefe, zu weinen an...›

Albert war ein verschlossenes und verträumtes Kind, aber er konnte auch furchtbar zornig werden. Seine Leidenschaftlichkeit gab ihm selbst zu denken.

‹Ich nahm jedes Spiel furchtbar ernst und erzürnte mich, wenn andere nicht ebenfalls mit ganzer Hingebung spielten. Mit neun oder zehn Jahren schlug ich einst meine Schwester Adele, weil sie in einem Spiele mir durch ihre Gleichgültigkeit einen leichten Sieg zukommen ließ. Von jener Zeit an bekam ich Angst vor meiner Spielleidenschaft und gab nach und nach alles Spielen auf. Eine Karte habe ich nie anzurühren gewagt. – Auch auf das Rauchen verzichtete ich als Student, am 1. Januar 1899, für immer, weil es mir zur Leidenschaft geworden war.›

Albert besaß einen ausgeprägten Gerechtigkeitssinn. Und dieser Sinn beschränkte sich nicht nur auf Menschen. Der Anblick eines hinkenden Pferdes, das von seinem Besitzer mit Stockschlägen ins Schlachthaus getrieben wurde, verfolgte ihn wochenlang.

‹... wenn meine Mutter mit mir gebetet und mir den Gutenachtkuß gegeben hatte, betete ich heimlich noch ein von mir selbst verfaßtes Zusatzgebet für alle lebendigen Wesen. Es lautete: «Lieber Gott! Schütze und segne alles, was Odem hat, bewahre es vor allem Übel und laß es ruhig schlafen!»

Aus seinem achten Jahr erinnert sich Albert an das folgende Erlebnis. Es machte einen tiefen Eindruck auf ihn.

‹Heinrich Bräsch und ich hatten uns Schleudern aus Gummischnüren gemacht, mit denen man kleine Steine schleuderte. Es war im Frühjahr, in der Passionszeit. An einem Sonntagmorgen sagte er zu mir: «Komm, jetzt gehen wir in den Rebberg und schießen Vögel.» Dieser Vorschlag war mir schrecklich, aber ich wagte nicht zu widersprechen, aus Angst, er könnte mich auslachen. So kamen wir in die Nähe eines kahlen Baumes, auf dem die Vögel, ohne sich vor uns zu fürchten, lieblich in den Morgen hinaussangen. Sich wie ein jagender Indianer duckend, legte mein Begleiter einen Kiesel in das Leder seiner Schleuder und spannte dieselbe. Seinem gebieterischen Blick gehorchend, tat ich unter furchtbaren Gewissensbissen dasselbe, mir fest gelobend, danebenzuschießen. In demselben Augenblick fingen die

Die Familie Schweitzer im Garten des Pfarrhauses von Günsbach. Auf der Treppe Adèle und Marguerite, von links nach rechts: Albert als junger Gymnasiast mit Fahrrad, Vater Schweitzer, die älteste Tochter Louise, Mutter Schweitzer und der Jüngste, Paul, mit Fahrrad.

Kirchenglocken an in den Sonnenschein und in den Gesang der Vögel hineinzuläuten. Es war das ‹Zeichen-Läuten›, das dem Hauptläuten eine halbe Stunde voranging. Für mich war es eine Stimme aus dem Himmel. Ich tat die Schleuder weg, scheuchte die Vögel auf, daß sie wegflogen und vor der Schleuder meines Begleiters sicher waren, und floh nach Hause. Und immer wieder, wenn die Glocken zur Passionszeit in Sonnenschein und kahle Bäume hinausklingen, denke ich ergriffen und dankbar daran, wie sie mir damals das Gebot: «Du sollst nicht töten» ins Herz geläutet haben.›

Vielleicht hat gerade dieses Erlebnis Albert geholfen, seine Angst vor dem Ausgelachtwerden zu überwinden.

Die Frage warum auf der Welt immer wieder unschuldige Menschen und auch Tiere gequält und getötet wurden, beschäftigte ihn mehr und mehr.
Aber er erfuhr auch an sich selbst, wie schwer es ist, Macht nicht zu mißbrauchen.

‹Als ich noch nicht in die Schule ging, hatten wir einen gelben Hund namens Phylax. Wie manche Hunde konnte er keine Uniformen leiden und ging immer auf den Briefträger los. Also wurde ich angestellt, zur Stunde des Briefträgers, Phylax, der bissig war und sich schon an einem Gendarmen vergangen hatte, im Zaum zu halten. Mit einer Gerte trieb ich ihn in einen Winkel des Hofs und ließ ihn nicht heraus, bis der Briefträger wieder fort war. Welch stolzes Gefühl, als Tierbändiger vor dem bellenden und zähnefletschenden Hund zu stehen und ihn mit Schlägen zu meistern, wenn er aus dem Winkel ausbrechen wollte! Aber das stolze Gefühl hielt nicht an! Wenn wir nachher wieder als Freunde beieinander saßen, klagte ich mich an, daß ich ihn geschlagen hatte. Ich wußte, daß ich ihn vom Briefträger auch abhalten könnte, wenn ich ihn am Halsband faßte und streichelte. Wenn die fatale Stunde aber wieder kam, erlag ich wiederum dem Rausch, Tierbändiger zu sein...›

Mit neun Jahren kam Albert auf die Realschule in Münster. Der Schulweg, den er zu Fuß ging, war drei Kilometer lang. Er

Albert als Gymnasiast. Schon früh hat sich in der Gedankenwelt Albert Schweitzers manches angebahnt, was später für sein Denken bestimmend geworden ist. «Wer viel Schönes im Leben erhalten hat», schrieb er damals «muß viel dafür hingeben. Alle müssen wir an der Last der Welt mittragen.»

Albert Schweitzer mit seinem Vetter Emile um 1892. Albert stand damals kurz vor seinem Abitur, das er 1893 bestanden hat. Er wollte Theologe werden, wie sein Vater. Seine Jugendzeit im Pfarrhaus in Günsbach hatte Albert als eine glückliche Zeit empfunden, für die er zeitlebens dankbar war.

Albert Schweitzer als Student in Straßburg, um 1895. 1893 hatte Albert Schweitzer das Studium der Theologie und Philosophie an der Universität Straßburg begonnen. Nach Studienaufenthalten in Paris und Berlin schloß er 1899 sein Studium mit dem Doktorat ab.

ging ihn gern allein, ohne seine Kameraden. Zum erstenmal erlebte er auf diesem Weg die Vielfalt und Schönheit der Natur, den Frühling, den Sommer, den Herbst und den Winter. Als seine Eltern nach einem Jahr Realschule beschlossen, Albert aufs Gymnasium nach Mülhausen zu schicken, weinte er nicht der Schule, sondern dem Schulweg stundenlang heimliche Tränen nach.

In Mülhausen wohnte Albert bei Tante Sophie und Onkel Louis. Onkel Louis war auch sein Taufpate. Er war Direktor der Elementarschule. Das Leben war bis ins kleinste geregelt. Nach dem Mittagessen mußte Albert Klavier üben. Auch abends, wenn die Schulaufgaben gemacht waren, mußte er sich noch einmal ans Klavier setzen.

Albert war auch in Mülhausen nicht der beste Schüler. Seine schlechten Zeugnisse bereiteten den Eltern viel Kummer. Der Direktor des Gymnasiums riet dem Vater sogar, Albert aus der Schule zu nehmen. Da erschien ein Retter in der Not. Es war sein neuer Klassenlehrer.

‹Er hieß Dr. Wehmann. Soviel wurde mir in meiner Verträumtheit gleich in den ersten Tagen klar: Dieser Lehrer hatte jede Stunde sorgfältig vorbereitet. Er wußte genau, wieviel er darin durchnehmen wollte, und wurde immer gerade damit fertig. Und die Hefte mit den Reinarbeiten gab er immer pünktlich auf den fälligen Tag und zur fälligen Stunde zurück. Diese miterlebte Selbstdisziplin wirkte auf mich. Ich hätte mich geschämt, diesem Lehrer zu mißfallen. Er wurde mein Vorbild. Nach drei Monaten, beim Osterzeugnis in Quarta, gehörte ich schon zu den besseren Schülern, während das Weihnachtszeugnis noch so schlecht gewesen war, daß meine Mutter die ganzen Weihnachtsferien mit verweinten Augen herumgegangen war.›

Auch seinem Musiklehrer in Mülhausen machte Albert anfangs wenig Freude. Als er ihm eines Tages das kurze ‹Lied ohne Worte› in E-Dur' von Felix Mendelssohn zu üben gab, sagte er dazu:

«Eigentlich bist du nicht wert, daß man dir schöne Musik zu spielen gibt. So wirst du mir auch dieses ‹Lied ohne Worte› versudeln. Wenn einer halt kein Gefühl hat, so kann ich ihm auch keines geben.» – ‹Oho›, dachte ich bei mir selber, ‹dir will ich doch zeigen, daß ich Gefühl habe.› – Die ganze Woche übte ich eifrig an dem Stück, das ich schon so oft vom Blatt gespielt hatte. Ich probierte sogar, wozu man mich bisher nie gebracht hatte, die besten Fingersätze aus und schrieb sie auf. In der nächsten Stunde, als ich die Fingerübungen und die Etüde glücklich hinter mir hatte, gab ich mir einen Ruck und spielte das ‹Lied ohne Worte› so, wie ich's im Herzen spürte. Mein Lehrer sagte nicht viel, sondern schlug mir nur fest auf die Schulter und spielte mir selber ein neues ‹Lied ohne Worte› vor.›

Der Lehrer – er hieß Eugen Münch – hatte entdeckt, daß Albert bisher einfach zu schüchtern gewesen war, die Stücke so zu spielen, wie er sie in seinem Innern empfand. Mehr als vom Klavier, war Albert von der Orgel fasziniert. Als er nach seiner Konfirmation Orgelunterricht bekam und auf der großen Orgel der Stephanskirche in Mülhausen spielen durfte, ging ein großer Wunsch für ihn in Erfüllung. Die Orgel blieb ein Leben lang sein Lieblingsinstrument. Als junger Mann hat er mit Orgelkonzerten einen großen Teil des

Im Oktober 1905 teilte Albert Schweitzer seinen Eltern überraschend mit, daß er noch Medizin studieren werde. So war er an derselben Universität zugleich Professor für Theologie und Student der Medizin. 1911 bestand er das medizinische Staatsexamen. 1912 heiratete er Hélène Bresslau, die er schon seit 1903 kannte. Auf dem Bild das junge Ehepaar.

Das «Doktorhaus» in Lambarene.
Der Entschluß, Medizin zu studieren, war nicht aus heiterem Himmel gekommen. Er folgte damit dem Aufruf einer Pariser Missionsgesellschaft. Dieser Entschluß hat ihn nach Lambarene im damaligen Französisch Gabon geführt, wo er zuerst der Missionsstation als Arzt gedient hat.

Albert Schweitzer und seine Frau Hélène in Lambarene.
Am 26. März 1913 fuhren Albert Schweitzer und seine Frau von Bordeaux aus nach Lambarene, wo er mit seiner medizinischen Arbeit sofort begann. Unter den Eingeborenen hatte sich die Nachricht vom «weißen Medizinmann» rasch verbreitet. Bald galt es, vierzig Patienten täglich zu behandeln.

Geldes verdient, das er zur Gründung seines Urwaldspitals in Lambarene brauchte. Sein Lieblingskomponist war Bach. Albert war aber nicht nur ein leidenschaftlicher Musiker, er war auch ein leidenschaftlicher Leser.

‹Meine Lesewut war grenzenlos. Sie geht mir heute noch nach. Ich bin nicht imstande, ein angefangenes Buch aus der Hand zu legen. Eher lese ich die ganze Nacht hindurch. Zum mindesten muß ich es bis zum Ende durchgeflogen haben. Gefällt es mir, so lese ich es dann gleich zwei oder drei Male hintereinander.›

Beinahe so wie mit seinem Musiklehrer, ging es Albert mit dem Pfarrer, der den

Albert Schweitzers Lieblinge waren seine Antilopen, denen er Namen wie Léonie, Bichette, Leonore gab. Eine kleine Zwergantiloppe hatte sogar das Recht, in seinem Zimmer zu schlafen.

Gesamtansicht des Spitals und Lepradorfes bei Lambarene. Zeichnung eines Mitarbeiters. Unten der Fluß Ogowe. In der Mitte die Häuschen für die Kranken. Oben auf dem Hügel «Adolinanongo» (d.h. «der in die Ferne schaut»), das Spital und die Ärztehäuser.

Das erste Spital in Lambarene. Gleich nach seiner Ankunft begann Albert Schweitzer ein Spital zu bauen. Zuerst hatte ein alter Hühnerstall der Missionsstation als Behandlungsraum gedient. Für die Kranken, die von weither kamen, standen Bambushütten zur Verfügung.

Albert Schweitzer mit seinen Helfern auf dem Fluß Ogowe. Der Ogowe ist ein Parallelfluß zum Kongostrom. Bis zur Hauptstadt Libreville sind es von dem Urwalddorf Schweitzers aus 250 Kilometer. In einer Viertelstunde erreicht man mit dem Motorboot die Stadt Lambarene.

Albert Schweitzer auf der «Spitalstraße» im Lepradorf. Bis zu sechshundert Personen lebten in den Hütten und Bambushäuschen der Siedlung. Albert Schweitzer war sein eigener Architekt und Baumeister. Er entwarf die Pläne und überwachte den Bau der Hütten selbst.

Konfirmandenunterricht erteilte. Auch ihm gegenüber war Albert so schüchtern und verschlossen, daß er ihn nie zu fragen wagte, was ihn beschäftigte und bewegte. Wie viele Gleichaltrige, war auch er voller Zweifel, was religiöse Fragen betraf. Der Pfarrer hatte von Albert sicher einen falschen Eindruck, sonst hätte er nicht zu Tante Sophie gesagt, Albert gehe als Gleichgültiger zur Konfirmation.

‹In Wirklichkeit aber war ich in jenen Wochen von der Heiligkeit der Zeit so bewegt, daß ich mich fast krank fühlte. Die Konfirmation war ein großes Erlebnis für mich. Als unsere Schar am Palmsonntag aus der Sakristei in die Kirche trat, spielte Eugen Münch auf der Orgel ‹Hoch tut euch auf› aus dem ‹Messias› von Händel. Wunderbar stimmte dies zu den Gedanken in meinem Herzen.›

In der Schule hatte Albert mit Hilfe seines neuen Klassenlehrers Dr. Wehmann seine Verträumtheit abgelegt. Seine Zeugnisse waren besser geworden. Zu den Ersten gehörte er nie. Seine Lieblingsfächer waren die Naturwissenschaften und vor allem Geschichte. Nicht ausstehen konnte er die Stunden in denen Gedichte ‹durchgenommen› wurden.

‹Daß mir ein Gedicht nahegebracht werden sollte, indem man es erklärte, empfand ich als etwas Häßliches und Unsinniges. Mit dem, was man dazuredete, zerstörte man mir ja nur die Ergriffenheit, in die mich das Werk des Dichters versetzt hatte. An einem Gedicht, so meine ich auch heute noch, ist nichts zu erklären. Man muß es erleben. Darum war ich in diesen Stunden ein sehr unaufmerksamer, ja geradezu aufsässiger Schüler.›

Etwa zwischen dem vierzehnten und dem sechzehnten Altersjahr wollte Albert über alles, was ihn beschäftigte, diskutieren. Er

Albert Schweitzer und seine Tochter Rhena 1922. Während des ersten Weltkrieges mußte Albert Schweitzer als Elsäßer seine Arbeit in Lambarene aufgeben. Er wurde in Frankreich interniert und gelangte 1918 über die Schweiz nach seinem Heimatort Günsbach zurück. Dort widmete er sich seinen philosophischen Studien und schrieb mehrere Bücher.

scheute sich nicht, eine eigene Meinung zu haben. Das wurde ihm von einigen Erwachsenen übel genommen. Tante Sophie meinte, er sei frech geworden, und der Vater wollte ihn nur noch zu Besuchen mitnehmen, wenn er ihm versprach, sich anständig zu benehmen und nicht mit dummen Gesprächen und Fragen die Leute zu ärgern. Ein Schatten auf Alberts Jugend waren eine Zeitlang die Geldsorgen seiner Eltern. Es war für den Herrn Pfarrer nicht einfach, fünf Kinder aufzuziehen und bilden zu lassen.

‹Meine Mutter sparte an allen Ecken und Enden. Ich selber setzte meinen Stolz darein, in Mülhausen so wenig wie möglich zu brauchen. Als meine Mutter einmal im

Albert Schweitzers Bedeutung wurde schon früh erkannt. Der Nobelpreisträger und Physiker Albert Einstein nannte Schweitzer einen der bedeutendsten Menschen unserer Zeit. Die Oxford University verlieh ihm 1923 den Ehrendoktor.

Albert Schweitzer war nicht nur Theologe und Arzt, er war auch ein begabter Orgelspieler und liebte die Werke Joh. Sebastian Bachs über alles. Seine Meisterschaft im Orgelspiel brachte ihm die Freundschaft und Bewunderung großer Musiker ein, so des Cellisten Pablo Casals und des Komponisten Arthur Honeggers.

Herbst meinte, mein Winteranzug müsse mir zu klein geworden sein und ich brauche einen neuen, verneinte ich es. Da ich ihn aber wirklich nicht mehr tragen konnte, lief ich im Winter in meinem gelben Sommeranzug herum. Meine Tante ließ es geschehen, denn sie war für Abhärtung. Aber von den Schulkameraden unter die Hungerleider, die sich nichts leisten können, klassiert zu werden, war etwas, was ich in meiner knabenhaften Eitelkeit nur ertrug, um meiner Mutter Sorge abzunehmen.›

Mit achtzehn Jahren, im Jahr 1893, bestand Albert die Matura. Er bestand sie nicht so gut, wie man erwartet hatte. In seinen Jugenderinnerungen meint er, das

habe vor allem an den Hosen gelegen, die er an jenem Prüfungstag getragen habe.

‹Ich besaß einen schwarzen Gehrock, den ich von einem alten Verwandten meiner Mutter geerbt hatte, aber keine schwarzen Hosen. Aus Sparsamkeit wollte ich mir auch keine machen lassen und bat meinen Onkel, das Examen in seinen Hosen bestehen zu dürfen. Er war viel kleiner als ich und beleibt, während ich damals aufgeschossen und schmächtig war. Aber wir dachten, daß es für einmal doch gehen würde. Leider unterließ ich es, eine Probe mit den Hosen abzuhalten. Als ich sie am Morgen des Examens anzog, reichten sie mir kaum bis an die Schuhe, obwohl ich die Hosenträger mit Schnüren verlängert hatte. Über dem oberen Rand der Hose gähnte ein weißer Raum. Wie sie mir auf der Rückseite saßen, beschreibe ich nicht. – Mein Erscheinen unter den Examensgenossen rief ausgelassene Lustigkeit hervor. Ich wurde nach allen Seiten gewendet und in Augenschein genommen. Unser feierlicher Eintritt in das Prüfungszimmer mißlang, weil wir das Lachen nicht dämpfen konnten. Als die Lehrer am Prüfungstisch meine Hose sahen, wurden auch sie munter. Der gestrenge Herr Oberschulrat aus Straßburg aber, der bei der Prüfung den Vorsitz führte, merkte nicht, um was es sich handelte. Er sah nur, daß ich der Anlaß der unzeitgemässen Heiterkeit war und tat eine strenge Bemerkung über unser unfeierliches Benehmen im allgemeinen und über mich im besonderen. Um dem vermeintlichen Spaßvogel den Über-

Albert Schweitzer mit seiner Frau Hélène, seiner Tochter Rhena und vier seiner Enkelkinder um 1949. Schweitzer liebte Kinder. Es sind zahlreiche Briefe an seine Nichten und Enkelkinder erhalten. «Wenn Du groß bist, wirst Du diesen Brief wiederlesen», schrieb er an Suzanne. «Du aber weißt dann, daß ich ein Herz habe – fast zuviel.»

Immer wieder zog es Albert Schweitzer nach Günsbach zurück. Aber nur selten konnte er sich von seinem Urwaldspital lösen. So suchten ihn seine Verwandten und Freunde eben in Afrika auf. Auf dem Bild, seine Enkelin Christiane auf Besuch in Lambarene, kurz vor Albert Schweitzer's Tod.

Albert Schweitzer und sein Vater, der Pfarrer Louis Schweitzer auf einem Spaziergang in Günsbach in den Zwanzigerjahren. Durch die Verleihung des Goethepreises hatte Albert Schweitzer die Mittel, sich in seinem geliebten Günsbach ein Haus zu bauen, das heute als Archiv und Museum dient.

mut auszutreiben, übernahm er es selber, mich in allen Fächern zu examinieren, außer in Mathematik, in der er anerkanntermassen absolut unwissend war. Er setzte mir hart zu... Gar manche Antwort mußte ich dem Gestrengen schuldig bleiben und manches Schütteln des Kopfes hinnehmen.›

Zum Glück konnte Albert den schlechten Eindruck, den er auf den Herrn Oberschulrat gemacht hatte, am Schluß der Prüfung wieder etwas verbessern.

‹Zu guter Letzt kam Geschichte daran, das spezielle Fach des Herrn Oberschulrats. Nach zehn Minuten war er wie umgewandelt. Sein Grimm schmolz dahin. Am Ende examinierte er mich nicht mehr, sondern unterhielt sich mit mir über den Unterschied zwischen den Kolonisationsunternehmungen der Griechen und denen der Römer. – In der Schlußrede, nach der Verkündung des Resultats der Prüfung, kam er nochmals auf die Freude zu sprechen, die er mit mir in Geschichte erlebt hatte. Ein von ihm beantragtes Kompliment ziert mein sonst eher mittelmäßiges

1953 erfuhr der Urwalddoktor die größte Ehrung seines Lebens, die Verleihung des Friedens-Nobelpreises. Bei der Entgegennahme des Preises hielt er eine Rede unter dem Titel: «Das Problem des Friedens in der heutigen Welt».

Selbst der verspielte Jean Cocteau erlag der menschlichen Größe und Ausstrahlung des Urwalddoktors. Er widmete ihm 1959 diese Zeichnung.

Albert Schweitzer in seinen letzten Jahren. Kurz nach seinem neunzigsten Geburtstag ist er am 4. September 1965 gestorben. Sein Grab liegt unterhalb seines früheren Arbeitszimmers. Eine Eingeborene sagte bei seinem Tod: «Jetzt gibt es zwei große alte Männer im Himmel, der liebe Gott und der große Doktor.»

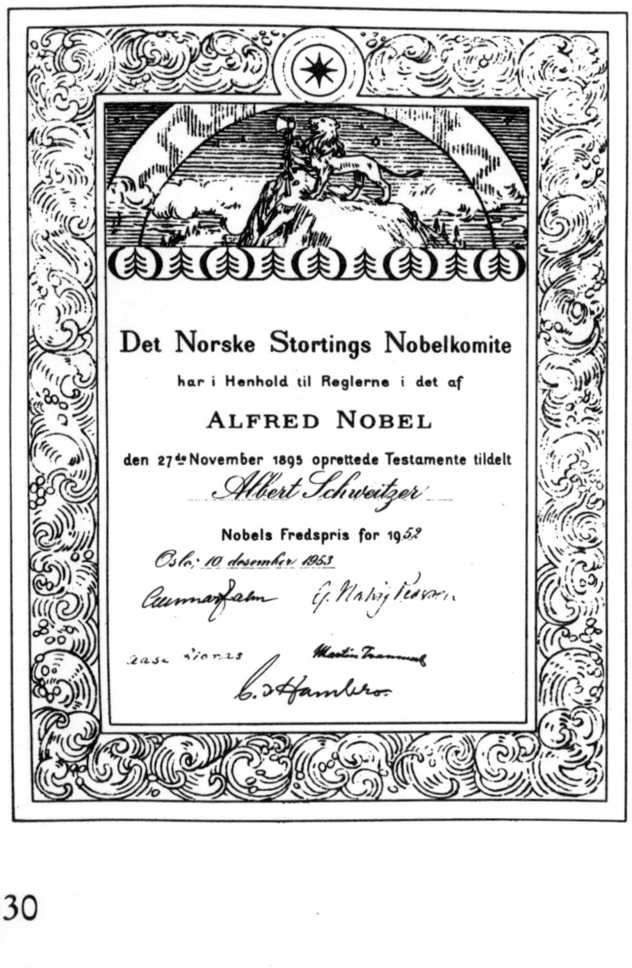
Det Norske Stortings Nobelkomite

har i Henhold til Reglerne i det af

ALFRED NOBEL

den 27de November 1895 oprettede Testamente tildelt

Albert Schweitzer

Nobels Fredspris for 1952

Oslo, 10 desember 1953

Reifezeugnis. So endigte alles in Wohlgefallen.›

Mit der Prüfung war auch die Jugend Albert Schweitzers zu Ende. Daß diese Jugend so glücklich war, beschäftigte ihn. War denn Glück etwas, das man selbstverständlich hinnehmen durfte? Wie die Frage nach dem Recht auf Glück, beschäftigte ihn auch die Frage nach den Ursachen der Not, die auf der Welt herrschte. Glück und Not –

‹– diese beiden Erlebnisse schoben sich langsam ineinander. Damit entschied sich meine Auffassung des Lebens und das Schicksal meines Lebens... Wer viel Schönes im Leben erhalten hat, muß entsprechend viel dafür hingeben. Wer von eigenem Leid verschont ist, hat sich berufen zu fühlen, zu helfen, das Leid der andern zu lindern. Alle müssen wir an der Last von Weh, die auf der Welt liegt, mittragen.›

Bei Albert Schweitzer sind das nicht nur Worte geblieben. Nach dem Studio der Theologie und einigen Jahren als Prediger und Lehrer, entschloß er sich mit dreißig Jahren noch einmal auf die Schulbank zu sitzen um Medizin zu studieren. Er hatte sich entschlossen – zusammen mit seiner Frau – nach Afrika zu gehen, nicht als Missionar, sondern als Arzt. Sein mitten im Urwald gegründetes Spital von Lambarene ist auf der ganzen Welt berühmt geworden. Es ist Albert Schweitzers Lebenswerk, für das er alle seine Kräfte eingesetzt hat. Auch wenn es jetzt, nach seinem Tode nicht mehr weiterbestehen könnte, so kann doch jeder einzelne von uns dieses Werk als Beispiel nehmen und an seinem Platz – und sei er noch so gering – fortsetzen. Albert Schweitzer weist uns den Weg dazu.
Die Ehrfurcht vor dem Leben durchzieht alles, was er gedacht und getan hat.

‹Das einzige, worauf es ankommt, ist daß wir darum ringen, daß Licht in uns sei. Das Ringen fühlt einer dem andern an, und wo Licht im Menschen ist, scheint es aus ihnen heraus. Dann kennen wir uns, im Dunkel nebeneinander gehend, ohne daß einer das Gesicht des andern abzutasten und in sein Herz hineinzulangen braucht.›

Einer, der gern zur Schule ging

Erich Kästner, 1899–1974

‹Da ist erstens einmal Emil selber. In seinem dunkelblauen Sonntagsanzug. Er zieht ihn gar nicht gern an und nur, wenn er muß. Blaue Anzüge kriegen so gräßlich leicht Flecken. Und dann macht Emils Mutter die Kleiderbürste naß, klemmt den Jungen zwischen ihre Knie, putzt und bürstet und sagt stets: «Junge, Junge! Du weißt doch, daß ich dir keinen andern kaufen kann.» Und dann denkt er immer erst, wenn's zu spät ist, daran, daß sie den ganzen Tag arbeitet, damit sie zu essen haben, und damit er in die Realschule gehen kann.›

So wird die Hauptfigur eines berühmten Buches vorgestellt. Hunderttausende von Kindern haben es gelesen: ‹Emil und die Detektive.› Erich Kästner hat es geschrieben, als er achtundzwanzig Jahre alt war. Den Jungen ‹Emil› hat Kästner nicht einfach erfunden. Das ist nicht irgendein Junge. Das ist er selbst.

‹Könnt ihr es begreifen und werdet ihr nicht lachen, wenn ich euch jetzt erzähle, daß Emil ein Musterknabe war? Seht, er hatte seine Mutter sehr lieb. Und er hätte sich zu Tode geschämt, wenn er faul gewesen wäre, während sie arbeitete. Da hätte er seine Schularbeiten verbummeln oder von Neumanns Richard abschreiben sollen? Er sah, wie sie sich bemühte, ihn nichts von dem entbehren zu lassen, was die andern Realschüler bekamen und besaßen. Und da hätte er sie beschwindeln und ihr Kummer machen sollen?
Emil war ein Musterknabe. So ist es. Aber

er war keiner von der Sorte, die nichts anderes kann, weil sie feig ist und geizig und nicht richtig jung. Er war ein Musterknabe, weil er einer sein wollte! Er hatte sich dazu entschlossen, wie man sich etwa dazu enschließt, nicht mehr ins Kino zu gehen oder keine Bonbons mehr zu essen. Er hatte sich dazu entschlossen, und oft fiel es ihm recht schwer.›

Emil Erich Kästner ist am 23. Februar 1899 in einer Mansardenwohnung in Dresden geboren worden. Sein Vater Emil Kästner, war Sattler. Er arbeitete in einer Kofferfabrik. Die Mutter, Ida Amalia, geborene Augustin, versuchte mit Heimarbeit den kleinen Lohn ihres Mannes aufzubessern. Für ihren Erich war ihr nichts zuviel. Als er auf die Welt kam, wußte sie vom ersten Augenblick an, daß sie alles tun wollte, um ihn glücklich zu machen. In seinem Buch ‹Als ich ein kleiner Junge war› schreibt Kästner:

‹Wenn man sich überlegt, von welchen Zufällen es abhängt, daß man eines Tages in der Wiege liegt, brüllt und ‹man selber› geworden ist! – Wenn der junge Sattler von Penig nicht nach Döbeln gezogen wäre, sondern beispielsweise nach Leipzig oder Chemnitz, oder wenn das Stubenmädchen Ida nicht ihn genommen hätte, sondern zum Beispiel einen Klempnermeister Schanze oder einen Buchhalter Pietsch, wäre ich nie auf die Welt gekommen! Dann hätte es nie einen gewissen Erich Kästner gegeben, der jetzt vor seinem Schreibblock sitzt und euch von seiner Kindheit erzählen will. Niemals!›

Als Erich Kästner ein kleiner Junge war, sah die Welt noch ganz anders aus.

‹Ich bin noch mit der Pferdebahn gefahren. Der Wagen lief schon auf Schienen, aber er wurde von einem Pferde gezogen, und der Schaffner war zugleich der Kutscher und knallte mit der Peitsche. Als sich die Leute an die ‹Elektrische› gewöhnt hatten, wurden die Humpelröcke Mode. Die Damen trugen ganz lange, ganz enge Röcke. Sie konnten nur winzige Schrittchen machen, und in die Straßenbahn klettern konnten sie schon gar nicht. Sie wurden von den Schaffnern und andern kräftigen Männern unter Gelächter auf die Plattform hinaufgeschoben, und dabei mußten sie auch noch den Kopf schräg halten, weil sie Hüte trugen, so groß wie Wagenräder, mit gewaltigen Federn und mit ellenlangen Hutnadeln und polizeilich verordneten Hutnadelschützern!›

Manchmal ist es gar nicht so einfach, etwas zu erzählen, was vor zwei, zehn, zwanzig oder gar fünfzig Jahren geschehen ist. Erinnerungen sind etwas Sonderbares. Erich Kästner meint:

Erich Kästner bei der Arbeit. Erich Kästner wollte ursprünglich Lehrer werden und ist ein weltberühmter Schriftsteller geworden. Die Kinder hat er beim Schreiben nie vergessen; so ist er mit seinen Kinderbüchern fast bekannter geworden, als mit seinen übrigen Werken.

Die Erinnerungen liegen nicht in Fächern, nicht in Möbeln und nicht im Kopf. Sie wohnen mitten in uns. Meistens schlummern sie, aber sie leben, atmen und zuweilen schlagen sie die Augen auf. Sie wohnen, leben, atmen und schlummern überall. In den Handflächen, in den Fußsohlen, in der Nase, im Herzen und im Hosenboden. Was wir früher einmal erlebt haben, kehrt nach Jahren und Jahrzehnten plötzlich zurück und blickt uns an.›

Wer erinnert sich noch an den ersten Weihnachtsbaum? Oder an den ersten Schultag? Und wer erinnert sich noch daran, wie die Welt einem vorkam, als man sich auf die Zehenspitzen stellen mußte, um über den Tischrand hinweg zu sehen?

Emil Richard Kästner, der Vater. Erich Kästners Vater war selbständiger Sattlermeister. Schlechter Geschäftsgang zwang ihn, eine Stelle als Arbeiter in einer Kofferfabrik in Dresden anzunehmen. Dies war für ihn ein sozialer Abstieg. Für den kleinen Erich bedeutete dies aber den Vorteil, in einer schönen und lebendigen Stadt aufwachsen zu können.

Ida Amalia Kästner-Augustin, die Mutter. Frau Kästner stammte aus Sachsen. Die Augustins waren Bäcker, Metzger und Pferdehändler. Zuerst diente sie als Stubenmädchen. Ihre beiden Schwestern suchten für sie einen Mann, den jungen Sattler, den sie 1892 geheiratet hat.

Erich Kästner hat darüber ein Gedicht geschrieben:

Kleine Epistel

Wie war die Welt noch imposant,
Als ich ein kleiner Junge war!
Da reichte einem das Gras bis zur Nase,
Falls man im Grase stand.
Geschätzte Leser, das waren noch Gräser!
Die Stühle waren höher, die Straßen breiter,
Der Donner war lauter, der Himmel weiter,
Die Bäume waren größer, die Lehrer gescheiter.
Und noch ein Pfund Butter
War dreimal bis viermal schwerer als heute.
Kein Mensch wird's bestreiten,
Das waren noch Zeiten!

Oft wird man nach den frühesten Erinnerungen gefragt. Erich Kästner zum Beispiel erinnert sich an einige Erlebnisse aus dem dritten, aber an gar nichts aus dem vierten und fünften Lebensjahr. Besondern Eindruck hat ihm ein Besuch beim Fotografen gemacht.

‹Ich trug ein Matrosenkleidchen mit weißem Pikeekragen, schwarze Strümpfe, die mich juckten, und Schnürschuhe. (Heute tragen die kleinen Mädchen Hosen. Damals trugen die kleinen Jungen Röckchen!) Ich stand an einem niedrigen Schnörkeltisch, und auf dem Tisch stand ein buntes Segelschiff. Herr Patitz steckte, hinter dem hochbeinigen Fotokasten, den Künstlerkopf unter ein schwarzes Tuch und befahl mir zu lächeln. Weil der Befehl nichts nützte, holte er einen Hampelmann aus der Tasche, wedelte damit in der Luft herum und rief wildvergnügt: «Huhuh! Guckguck! Huhuh! Guckguck!» – Ich fand Herrn Patitz schrecklich albern, tat ihm aber trotzdem den Gefallen und quälte mir, der Mama zuliebe, die dane-

Erich Kästner, sechs Monate alt. Der kleine Erich kam am 23. Februar 1899 nach siebenjähriger Ehe in einer kleinen Mansardenwohnung zur Welt. Er wuchs zunächst in einem Wäschekorb zwischen Bett und Nähmaschine auf, denn seine Mutter besserte den kargen Verdienst des Vaters mit Näharbeit auf.

benstand, ein verlegenes Lächeln ins Gesicht. Dann drückte der Bildkünstler auf einen Gummiballon, zählte langsam vor sich hin und in sich hinein, schloß die Kassette und notierte den Auftrag. Zwölf Abzüge. Visitformat.›

Auf die Rückseite eines dieser zwölf Abzüge schrieb Erichs Mutter: ‹Mein Erich, 3 Jahre alt.›
Das war im Jahre 1902. Ungefähr zur selben Zeit beschloß Ida Kästner, die Heimarbeit – sie nähte für ein Wäschegeschäft – aufzugeben und dafür ein Zimmer zu vermieten.

‹Die Wohnung war schon klein genug, aber das Portemonnaie war noch kleiner. Ohne Nebenverdienst, erklärte sie meinem Vater, gehe es nicht. Der Papa war, wie fast immer, einverstanden. Die Möbel wurden zusammengerückt. Das leergewordene Zimmer wurde ausstaffiert. Und an die Haustür wurde ein in Winters Papiergeschäft erworbenes Pappschild gehängt. ‹Schönes sonniges Zimmer mit Frühstück ab sofort zu vermieten. Näheres bei Kästner, 3. Etage.›
Der erste Untermieter hieß Franke und war Volksschullehrer. Daß er Franke hieß, hat sich für meinen ferneren Lebensweg nicht als sonderlich wichtig erwiesen. Daß er Lehrer war, wurde für mich von größter Bedeutung… Der Lehrer Franke war ein lustiger Mann. Das Zimmer gefiel ihm. Das Frühstück schmeckte ihm. Er lachte viel. Der kleine Erich machte ihm Spaß. Abends saß er bei

uns in der Küche. Er erzählte aus seiner Schule. Er korrigierte Hefte. Andere junge Lehrer besuchten ihn. Es ging lebhaft zu. Mein Vater stand schmunzelnd am warmen Herd. Meine Mutter sagte: «Emil hält den Ofen.» Alle fühlten sich pudelwohl.›

Noch bevor der kleine Erich selbst lesen und schreiben konnte, wollte er Lehrer werden.
Besonders angetan hatten es ihm die Turner. Er ließ seiner Mutter keine Ruhe, bis sie eines Tages mit ihm zu Herrn Zacharias ging. Herr Zacharias war Leiter der Knabenriege.

‹Die Knabenriege machte gerade Freiübungen. Herr Zacharias fragte: «Wie alt ist denn der Junge?» – «Sechs», gab die Mutter zur Antwort. Er sagte: «Du mußt warten, bis du sieben Jahre alt bist.» – Da nahm ich die Hände, ordnungsgemäß zu Fäusten geballt, vor die Brust, sprang in die Grätsche und turnte ihm ein gymnastisches Solo vor. Er lachte. Die Knabenriege lachte. Die Halle hallte vor fröhlichem Gelächter. Und Herr Zacharias sagte zu meiner verdatterten Mama: «Also gut, kaufen Sie ihm ein Paar Turnschuhe! Am Mittwoch um drei ist die erste Stunde!» – Ich war selig. Wir gingen ins nächste Schuhgeschäft. Abends wollte ich mit den Turnschuhen ins Bett. Am Mittwoch war ich eine Stunde zu früh in der Halle. Und was, glaubt ihr, war der Herr Zacharias von Beruf? Lehrer war er, natürlich. Seminarlehrer. Als Seminarist wurde ich sein Schüler. Und er lachte noch manches Mal, wenn er von unserer ersten Begegnung sprach.›

Erich wurde ein guter Turner. Nur vor der Riesenwelle am Reck hatte er Angst. Er war dabei gewesen, als ein anderer in vollem Schwunge den Halt verlor und kopfüber vom Hochreck stürzte. Die Angst vor der Riesenwelle wurde er nie

Dresden war um die Jahrhundertwende eine prächtige und reiche Stadt. Aber die Familie Kästner wohnte immer bescheiden. Zuerst in der Nr. 66 der Königsbrückerstraße, wo Erich zur Welt gekommen war, danach in der gleichen Straße in Nr. 48 und später im Neubau Nr. 38.

los. Und die Blamage war ihm lieber als ein Schädelbruch.

‹Ich wollte turnen und turnte, weil es mich freute. Ich wollte kein Held sein oder werden. Und ich bin auch keiner geworden. Kein falscher Held und kein echter Held. Wißt ihr den Unterschied? Falsche Helden haben keine Angst, weil sie keine Phantasie haben. Sie sind dumm und haben keine Nerven. Echte Helden haben Angst und überwinden sie. Ich habe manches liebe Mal im Leben Angst gehabt und sie, weiß Gott, nicht jedesmal überwunden. Sonst wäre ich heute vielleicht ein echter und sicherlich toter Held.›

‹Eine Mutfrage› heißt ein Epigramm von Erich Kästner.
‹Wer wagt es, sich den donnernden Zügen entgegenzustellen?
Die kleinen Blumen zwischen den Eisenbahnschwellen.›

‹Falsche Helden haben keine Angst, weil sie keine Phantasie haben.› Und genau das war es, was Erich hatte.

Weltreise durchs Zimmer

Ihr bindet einen Schleier vors Gesicht
Und sagt: Ihr müßtet unbedingt verreisen
Nach Madagaskar, Schottland oder Meißen.
Wohin ist Wurst. Nur bleiben dürft ihr nicht.
In eine Tüte stopft ihr dann den Paß,
Den Kragenschoner und die Kleiderbürste,
Ein Bügeleisen und zwei Leberwürste,
Und in die Zwischenräume irgendwas.
Dann seid ihr reisefertig, und ihr müßt
Den Tisch behutsam auf den Rücken legen.
Und ihr besteigt das Schiff der Abfahrt wegen,
Wobei ihr Herta, die nicht mitfährt, küßt.
Dann schifft ihr fort. Das Tischtuch weht im Wind.
Der Teppich schlägt mit Hertas Hilfe Wellen.
Ihr stoßt auf Rom und kreuzt die Dardanellen,
Wo wilde Völkerstämme üblich sind.
Das Seekrankwerden laßt ihr besser sein.
Es ist nicht leicht und ruiniert die Sachen.
Ihr braucht die Reise nicht so echt zu machen.
Und lauft schnell in Madagaskar ein.
Das Sofa stellt den Felsenrücken dar.
Dort könnt ihr (wenn die Eltern fort sind) stranden,
Sonst ist es klüger, ungestört zu landen.
Am Ufer schreit ihr laut: Wie wunderbar!
Wenn ihr dann ein Zeit lang fröhlich wart,
Vom Vertiko herab auf Löwen zieltet
Und Mutters Zopf für eine Schlange hieltet,
Geht ihr zum Tisch, auf dem ihr heimwärts fahrt.
Zu Haus erzählt ihr, wie es euch gefiel:
Erzählt von Sonnenstich und Menschenfressern,
Von Nasenringen, Gift und krummen Messern –
Doch das ist eigentlich ein neues Spiel!

Erichs erster Schultag! Das war im Früh-

Erich Kästner, drei Jahre alt. Frau Kästner liebte ihren kleinen Sohn über alles. In dem kleinen Schlafzimmer, in dem sie ihre Nähstube eingerichtet hatte, schlief auch ihr Sohn. Hier der kleine Erich in einem Matrosenkleidchen.

jahr 1906. Natürlich hatte ihm der Vater eigenhändig und aus dem besten Leder einen Schulranzen genäht. Als Erich konfirmiert wurde, sah dieser Ranzen noch beinahe so neu aus wie am ersten Tag.

‹Die Bürgerschule in der Tieckstraße, unweit der Elbe, war ein düsteres Gebäude mit einem Portal für die Mädchen und einem für die Knaben. In jener Zeit sahen alle Schulen düster aus, dunkelrot oder schwärzlich grau, steif und unheimlich. Wahrscheinlich waren sie von denselben Baumeistern gebaut worden, die auch die Kasernen gebaut hatten. Die Schulen sahen aus wie Kinderkasernen. Warum den Baumeistern keine fröhlicheren Schulen eingefallen sind, weiß ich nicht. Vielleicht sollten uns die Fassaden, Treppen und Korridore denselben Respekt einflössen wie der Rohrstock auf dem Katheder. Man wollte wohl schon die Kinder durch Furcht zu folgsamen Staatsbürgern erziehen. Durch Furcht und Angst, und das war freilich verkehrt.
Mich erschreckte die Schule nicht. Ich kannte keine heiteren Schulhäuser. Sie mußten wohl so sein. Und der gemütlich dicke Lehrer Bremser, der die Mütter, Väter und ABC-Schützen willkommen hieß, erschreckte mich schon gar nicht. Ich wußte von daheim, daß auch die Lehrer lachen konnten, Spiegeleier aßen, an die großen Ferien dachten und ihr Nachmittagsschläfchen hielten. Da war kein Grund zum Zittern.›

Erich gehörte zu den Kindern, die gerne zur Schule gingen. Er wollte lernen. In

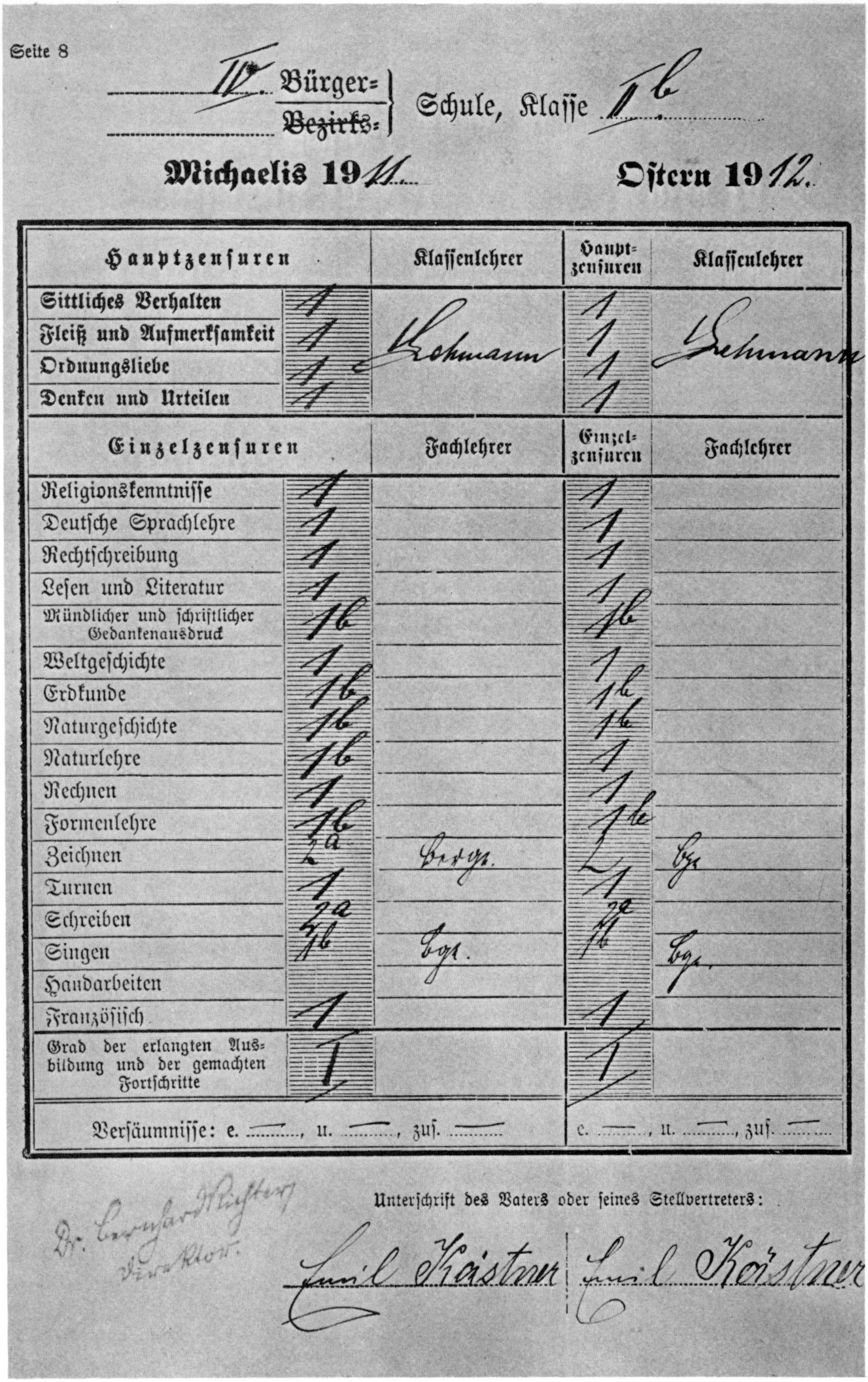

Seite 8

IV. Bürger- ~~Bezirks-~~ Schule, Klasse I b

Michaelis 1911 Ostern 1912

Hauptzensuren		Klassenlehrer	Hauptzensuren	Klassenlehrer
Sittliches Verhalten	1	Lehmann	1	Lehmann
Fleiß und Aufmerksamkeit	1		1	
Ordnungsliebe	1		1	
Denken und Urteilen	1		1	
Einzelzensuren		**Fachlehrer**	**Einzelzensuren**	**Fachlehrer**
Religionskenntnisse	1		1	
Deutsche Sprachlehre	1		1	
Rechtschreibung	1		1	
Lesen und Literatur	1		1	
Mündlicher und schriftlicher Gedankenausdruck	1b		1b	
Weltgeschichte	1		1	
Erdkunde	1b		1b	
Naturgeschichte	1b		1b	
Naturlehre	1b		1	
Rechnen	1		1	
Formenlehre	1b		1b	
Zeichnen	2a	Bergs.	2	Bgs.
Turnen	1		1	
Schreiben	2a		2a	
Singen	1b	Bgs.	1b	Bgs.
Handarbeiten				
Französisch	1		1	
Grad der erlangten Ausbildung und der gemachten Fortschritte	1		1	
Versäumnisse: e. —, u. —, zus. —			e. —, u. —, zus. —	

Dr. Burkhard Richter, Direktor

Unterschrift des Vaters oder seines Stellvertreters:

Emil Kästner | Emil Kästner

Ein Zeugnis des zwölfjährigen Erich Kästner. Erich war ein wißbegieriger Junge. Das kam vielleicht daher, daß die Zimmerherren seiner Mutter Lehrer waren. Er las und las, was immer er an Gedrucktem finden konnte. Daneben turnte er gern und half der Mutter im kleinen Frisiersalon, den Frau Kästner in ihrer Wohnung eingerichtet hatte.

seiner gesamten Schulzeit hat er keinen einzigen Tag gefehlt.

‹In der Schule selber gab es keine Schwierigkeiten. Außer einer einzigen. Ich war sträflich unaufmerksam. Es ging mir zu langsam voran. Ich langweilte mich. Deshalb knüpfte ich mit den Nachbarn neben, vor und hinter mir launige Unterhaltungen an. Junge Männer von sieben Jahren haben einander begreiflicherweise viel zu erzählen. Herr Bremser, so gemütlich er im Grunde war, empfand meine Plauderlust als durchaus störend. Sein Versuch aus etwa dreißig kleinen Dresdnern brauchbare Alphabeten zu machen, litt empfindlich darunter, daß ein Drittel der Klasse außerdienstliche Gespräche führte, und ich war der Anstifter. Eines Tages riß ihm der Geduldsfaden, und er erklärte ärgerlich, er werde, wenn ich mich nicht bessere, meinen Eltern einen Brief schreiben.

Als ich mittags heimkam, berichtete ich diese interessante Neuigkeit... Und am kommenden Tag ging meine Mutter heimlich zu Herrn Bremser. Als sie ihm alles erzählt hatte, lachte er: «Nein, so etwas!» rief er. «Ein komischer Junge. Jeder andere würde hübsch abwarten, bis der Brief bei den Eltern einträfe!» – «Mein Erich verschweigt mir nichts», gab Frau Kästner stolz zur Antwort. Herr Bremser wiegte den Kopf hin und her und sagte nur: «Soso» und dann fragte er: «Weiß er schon, was er später einmal werden will?» – «O ja», meinte sie, «Lehrer!» – Da nickte er und sagte: «Gescheit genug ist er.»

Erich Kästner mit seiner Mutter auf einer Wanderung. «Ihre gesamte Existenz setzte sie fanatisch auf eine Karte, auf mich... es gab für mich keinen Zweifel: Ich mußte der vollkommenste Sohn werden», schrieb Kästner in seinen Jugenderinnerungen. Und er wurde es.

Wenn damals ein aufgeweckter Junge ‹nur› der Sohn eines Arbeiters, Handwerkers oder Angestellten war, schickten ihn die Eltern nicht aufs Gymnasium. Das war zu teuer. Sie schickten ihn ins Lehrerseminar. Aber auch das Lehrerseminar kostete. Erichs Vater wollte soviel Geld wie möglich verdienen, damit Erich Lehrer werden konnte. Er war ein ausgezeichneter Handwerker, aber ein schlechter Geschäftsmann. Die Mutter beschloß einen Beruf zu erlernen. Für Erich war ihr nichts zuviel. Sie war fünfunddreißig Jahre alt.

‹Meine Mutter wollte trotz ihres Alters wie ein Lehrling das Frisieren erlernen und eine selbständige Friseuse werden. Nicht mit einem Ladengeschäft, das wäre zu teuer geworden. Sondern mit der Erlaubnis das Gewerbe des Frisierens, des Ondulierens, der Kopfwäsche und der schwedischen Kopfmassage in der Wohnung auszuüben. Sie ließ keinen Einwand gelten, und so galt keiner... Sie lernte mit Talent und Feuereifer alles, was es zu lernen gab, und kam wochenlang erst abends nach Ladenschluß heim. Müde und glücklich. Damals war ich viel allein. Mittags aß ich für fünfzig Pfennig im Volkswohl. Hier herrschte Selbstbedienung, und das Eßbesteck, das man mitbringen mußte, holte ich aus dem Ranzen. Zu Hause spielte ich, mit Mamas Schlüsselbund, Wohnungsinhaber, machte Schularbeiten und Besorgungen, holte Holz und Kohle aus dem Keller, schob Briketts in den Ofen, kochte und trank mit dem Lehrer

Von seinen ersten Kinderjahren an wollte Erich Lehrer werden. Dank seiner guten Zeugnisse bestand er die Aufnahmeprüfung in die Übergangsschule. Schon ein Jahr später war er Schüler des Lehrer-Seminars in Dresden. Auf dem Bild Erich Kästner (stehend) als Seminarist.

Schurig – (dem Nachfolger Herrn Frankes) – wenn er heimgekommen war, Kaffee und ging, während er sein Nachmittagsschläfchen auf dem grünen Sofa erledigte, in den Hof. Wenn er wieder fort war, wusch und schälte ich Kartoffeln, schnitt mich ein bißchen in den Finger und las, bis es dämmerte.›

Erich und seine Mutter waren begeisterte Theaterbesucher. Erich selbst besaß zwar kein schauspielerisches Talent. Er konnte sich Personen ausdenken und erfinden, aber er wollte sie nicht darstellen. Er sagte: «Ohne Zuschauer gäbe es keine Schauspieler.»

‹Bald wurden die Dresdener Theater mein zweites Zuhause. Und oft mußte mein Vater allein zu Abend essen, weil Mama und ich, meist auf Stehplätzen, der Muse Thalia huldigten. Unser Abendbrot fand in der großen Pause statt. In Treppenwinkeln. Dort wurden die Wurstsemmeln ausgewickelt. Und das Butterbrotpapier verschwand, säuberlich gefaltet, wieder in Mutters brauner Handtasche. – Meine Liebe zum Theater war Liebe auf den ersten Blick.›

Erich besaß keine Geschwister. Und Ida Kästner wollte die vollkommene Mutter ihres einzigen Jungen werden. Kein Opfer war ihr zuviel. Erich kam sie in der Erinnerung wie ein besessener Spieler vor, der jeden Gedanken, seine gesamte Existenz auf eine Karte setzt.

‹Die Spielkarte war ich. Deshalb mußte ich gewinnen. Deshalb durfte ich sie nicht enttäuschen. Deshalb wurde ich der beste Schüler und der bravste Sohn. Ich hätte es nicht ertragen, wenn sie ihr großes Spiel verloren hätte. Da sie die vollkommene Mutter sein wollte und war, gab es für mich, die Spielkarte, keinen Zweifel: Ich mußte der vollkommene Sohn werden... Und wenn ich einmal müde wurde, nur und immer wieder zu gewinnen, half mir,

Erich Kästner als neugebackener Student in Leipzig mit seiner Mutter. Er studierte Germanistik und Theaterwissenschaft. In jene Jahre fiel auch der Beginn seiner Schriftstellerei! Er hatte ein paar Gedichte in einer Sammlung veröffentlicht.

Dichtungen

Leipziger Studenten

*

Weihnacht 1920.

Dichtungen. Leipziger Studenten, Weihnacht 1920. In dieser Sammlung sind drei Gedichte Erich Kästner's abgedruckt. Die Gedichte von Kästner wurden von der Kritik besonders hervorgehoben. Seine Entdeckung als Journalist verdankte er dem Schriftsteller Richard Katz.

Erich Kästner in Berlin. Berlin war damals die interessanteste deutsche Großstadt. Kästner ließ sich dort nieder, nachdem er seine Doktorarbeit geschrieben hatte. Schon damals arbeitete er am liebsten im Café. Sein erstes Berliner Stammcafé hieß «Carlton». Kästner schrieb damals über sich selbst: «Nun bin ich zirka 31 Jahre und habe eine kleine Versfabrik.»

als letzte Reserve, eines weiter: Ich hatte die vollkommene Mutter ja lieb. Ich hatte sie sehr lieb.›

Erich vergaß nie, was seine Mutter für ihn getan hatte. Als er von zu Hause fortzog, schrieben sie sich gegenseitig viele Briefe. ‹Schick die Wäsche!› fügte die Mama meistens bei. Und er schickte sie. Er schickte sie, auch als er längst berühmt war, Geld genug verdiente und die Wäscherei gleich um die Ecke lag. Er wußte, daß es sie glücklich machte, wenn sie wenigstens so an seinem Leben teilhaben durfte.

Ida Kästner starb im Mai 1951. In ihrem Nachlaß fand sich ein rührender Beweis ihrer unermüdlichen Liebe, ein Briefumschlag, auf dem stand: ‹Antwort auf dem Erich seine Karten, Ferienreise 1916, wo ich ihm postlagernd nicht schreiben konnte. Von seiner Mutter.› – Der Umschlag enthielt einen langen Brief, an dem sie täglich weitergeschrieben hatte, während Erich mit seinen Klassenkameraden eine Wanderung im Thüringer Wald machte.

Das berühmteste Buch, das Erich Kästner geschrieben hat, ist ein Jugendbuch «Emil und die Detektive». Er hatte es auf Anregung von Edith Jacobsohn geschrieben, die einen Kinderbuchverlag besaß. Das Buch erschien 1928 und wurde mit den Zeichnungen seines Freundes Walter Trier ein ungewöhnlicher Erfolg.

Das einzige Liebesgedicht, das Erich Kästner im Grunde geschrieben hat, galt seiner Mutter:

Stiller Besuch

Jüngst war seine Mutter zu Besuch.
Doch sie konnte nur zwei Tage bleiben.
Und sie müsse Ansichtskarten schreiben.
Und er las in einem dicken Buch.

Freilich war er nicht sehr aufmerksam.
Er betrachtete die Autobusse
und die goldnen Pavillons am Flusse
und den Dampfer, der vorüberschwamm.

Langsam fiel der Vollmond in ein Haus.
Und weil er wie eine Münze rollte,
schien es fast, als ob Gott sparen wollte.
Gottes Sparsamkeit sieht anders aus...

Seine Mutter hielt den Kopf gesenkt.
Und sie schrieb gerade an den Vater:
‹Heute abend gehn wir ins Theater,
Erich kriegte zwei Billetts geschenkt.›

Und er tat, als ob er fleißig las.
Doch sah er die Nähe und die Ferne,
sah den Himmel und zehntausend Sterne
und die alte Frau, die drunter saß.

Einsam saß sie neben ihrem Sohn.
Leise lächelnd. Ohne es zu wissen.
Stadt und Sterne wirkten wie Kulissen.
Und der Wirtshausstuhl war wie ein Thron.

Ihn ergriff das Bild. Er blickte fort.
Wenn sie mir schreibt, mußte er noch denken,
wird sie ihren Kopf genau so senken.
Und dann las er. Und verstand kein Wort.

Seine Mutter saß am Tisch und schrieb.
Ernsthaft rückte sie an ihrer Brille.
Und die Feder kratzte in der Stille.
Und er dachte: Gott, hab ich sie lieb!

Erich war nicht traurig, daß er einziges Kind blieb. Er meinte, Freunde könne man sich aussuchen, Geschwister nicht. – Nur einmal im Jahr wünschte er sich sehnlichst Geschwister zu besitzen: am Heiligabend.

‹Meine Eltern waren aus Liebe zu mir aufeinander eifersüchtig. Sie suchten es zu verbergen, und oft gelang es ihnen. Doch am schönsten Tag im Jahr gelang es ihnen nicht. – Wochenlang, halbe Nächte hindurch, hatte mein Vater im Keller gesessen und zum Beispiel einen wundervollen Pferdestall gebaut. Er hatte geschnitzt und genagelt, geleimt und gemalt, Schriften gepinselt, winziges Zaumzeug zugeschnitten und genäht, die Pferdemähnen mit Bändern durchflochten. Die Raufen mit Heu gefüllt, und immer noch war ihm, beim Blaken der Petroleumlampe, etwas eingefallen, noch ein Scharnier, noch ein Beschlag, noch ein Haken, noch ein Stallbesen, noch eine Haferkiste, bis er endlich schmunzelte und wußte: ‹Das macht mir keiner nach!› –
Wochenlang, halbe Tage hindurch, hatte meine Mutter die Stadt durchstreift und die Geschäfte durchwühlt... Sie kaufte Rollschuhe, Ankersteinbaukästen, Buntstifte, Farbtuben, Malbücher, Hanteln und Keulen für den Turnverein, einen Faustball für den Hof, Schlittschuhe, Musikalische Wunderkreisel, Wanderstiefel, einen Norwegerschlitten, ein Kästchen mit Präzisionszirkeln auf blauem Samt, einen Kaufmannsladen, einen Zauberkasten, Kaleidoskope, Zinnsoldaten, eine kleine Druckerei mit Setzbuchstaben und, von Paul Schurig und den Empfehlungen des Sächsischen Lehrervereins angeleitet,

Erich Kästner und Emmerich Pressburger. «Emil und die Detektive» hatte solchen Erfolg, daß diese Geschichte auch als Bühnenstück aufgeführt wurde. «Herr Grundeis» wurde von dem bekannten Schauspieler Theo Lingen gespielt. Bald darauf wurde das Buch auch verfilmt. Erich Kästner und Emmerich Preßburger schrieben den Filmtext, als Regisseur wirkte Billy Wilder.

viele, viele gute Kinderbücher. Von Taschentüchern, Strümpfen, Turnhosen, Rodelmützen, Wollhandschuhen, Sweatern, Matrosenblusen, Badehosen, Hemden und ähnlichen nützlichen Dingen ganz zu schweigen.
Es war ein Konkurrenzkampf aus Liebe zu mir, und es war ein verbissener Kampf. Es war ein Drama mit drei Personen.›

Und was machte Erich, der in diesem Drama lächeln mußte, obwohl er lieber geweint hätte? Vater und Mutter hatten sich links und rechts vom Tisch postiert, jeder neben seinen Gaben.

‹Ich stand am Tisch und freute mich im Pendelverkehr. Ich freute mich rechts, zur Freude meiner Mutter. Ich freute mich an der linken Tischhälfte über den Pferdestall im allgemeinen. Dann freute ich mich wieder rechts, diesmal über den Rodelschlitten, und dann wieder links, besonders über das Lederzeug. Und noch einmal rechts, und noch einmal links, und nirgends zu lange, und nirgends zu flüchtig. Ich freute mich ehrlich und mußte meine Freude zerlegen und zerlügen...

Szene aus «Emil und die Detektive» der japanischen Aufführung. Nicht nur in Deutschland, in der ganzen Welt wurde die Geschichte von unzähligen Kindern gelesen.

Ich gab beiden je einen Kuß auf die Backe. Meiner Mutter zuerst. Ich verteilte meine Geschenke und begann mit den Zigarren. So konnte ich, während der Papa das Kistchen mit seinem Taschenmesser öffnete und die Zigarren beschnupperte, bei ihr ein wenig länger stehenbleiben als bei ihm. Sie bewunderte ihr Geschenk, und ich drückte sie heimlich an mich, so heimlich, als sei es eine Sünde. Hatte er es trotzdem bemerkt? Machte es ihn traurig?›

Zu mehr Ansehen und äußerem Erfolg als der Sattler Emil Kästner, hatten es die vier Brüder der Mutter gebracht. Einer war Metzger, die andern Pferdehändler. Sie wohnten ebenfalls in Dresden. Einer von ihnen, Franz, wurde sogar Millionär und kaufte sich eines Tages eine Villa am Albertplatz.

‹Abends spazierten wir oft in die ‹Villa›. Vor allem, wenn Onkel Franz verreist war. Dann kam sich Tante Lina, trotz Dora – (ihrer Tochter) – so verlassen vor, daß sie selig war, wenn wir ihr beim Abendbrot Gesellschaft leisteten. – Ungemütlich verliefen die Abende, wenn der Onkel nicht auf Reisen war. Nicht etwa, daß er daheim gewesen wäre, behüte! Er saß in Kneipen und Weinlokalen, trank mit andern Männern über den Durst, scharmutzierte mit den Kellnerinnen und verkaufte Pferde. Aber – er hätte wider alles Erwarten ins Haus treten können!›

Wenn er dann wirklich manchmal kam, mußten Kästners in die Küche verschwinden.

‹Zunächst hörten wir, wie jemand das Gartentor heftig zuschlug und Frieda sagte: «Der Herr kommt!» Anschließend sprang die Haustür auf, daß die bunten bleigefaßten Glasscheiben klirrten, und die Tante rief, von Furcht und Freude übermannt: «Der Herr kommt!» Dann brüllte im Korridor ein Löwe das Wort «Frau!» Und mit dem Rufe «Ja, Franz!» stürzte die Tante von Frieda und Dora umgeben, aus der Küche ins Treppenhaus, wo ihnen der Herr der Pferde, bereits ungeduldig, Hut und Spazierstock entgegenstreckte. Sie rissen ihm die Utensilien beflissen aus der Hand, halfen ihm zu dritt aus dem Mantel, verstauten Stock und Hut und Mantel in der Garderobe und rannten, ihn überholend, durch den Korridor, um die Wohnzimmertür zu öffnen und das Licht anzuknipsen. Er setzte sich ächzend aufs Sofa und streckte ein Bein von sich. Tante Lina kniete vor ihm nieder und zog ihm den Schuh aus.›

Tante Lina machte die Buchhaltung. Da sich Erich auch tagsüber oft in der ‹Villa› herumtrieb, wurde er gelegentlich zu Botengängen herangezogen. Und er machte das so gut, daß er nach dem zehn-

Erich Kästner in Dresden 1934. Im Gegensatz zu anderen Künstlern und Schriftstellern emigrierte Erich Kästner unter Hitler nicht ins Ausland. Seine Bücher wurden verboten und verbrannt. Kästner schrieb an seine Mutter: «Also mit dem Draußenbleiben, das kommt gar nicht in Frage. Ich habe ein gutes Gewissen und ich würde mir später den Vorwurf der Feigheit machen.»

ten Geburtstag Tante Linas unentbehrlicher Helfer wurde. Er brachte Verträge zum Notar und trug nach großen Pferdeverkäufen das Geld zur Bank. Die andern Kunden staunten. Der Kassierer verrechnete sich eher als der kleine Erich. Seine Additionen stimmten immer. Wenn er mit der leeren Aktenmappe nach Hause kam, schenkte ihm Tante Lina fünf oder sogar zehn Mark. Sie war eine gute Frau.

‹Aber eines schönen Tages fehlten ihr, wie oft sie auch nachrechnete, zweihundert Mark. Ihre Rechnung stimmte. Das Geld fehlte. Es war nirgends. Nirgends? Das gab es nicht. Wo war es? Und schon bog die nächste Frage unaufhaltsam um die Ecke: Wer hatte die zweihundert Mark gestohlen? Wer war der Dieb? Wer kam überhaupt in Frage? Onkel Franz und Tante Lina besprachen die Sache unter vier Augen und stellten zunächst einmal fest, wer im Haus es nicht gewesen sein konnte. Dieses Verfahren hat sich seit alters bewährt. Wenn man Glück hat, bleibt der Verbrecher übrig. In Frage kamen, nach kurzem Nachdenken, nur zwei Personen: Meta, das Dienstmädchen, und ich selber. Meta, die zuerst vernommen wurde, schwor bei allem, was ihr teuer war, sie sei es nicht gewesen, und da man ihr Glauben schenken mußte, blieb der Tante nichts anderes übrig, als nunmehr mich zur Rede zu stellen. Die Unterhaltung war sehr kurz. Noch ehe die Tante zu Ende gesprochen hatte, war ich auf und davon. Meine Mutter hörte sich meinen Bericht an und sagte: «Schade. Es wa-

Erich Kästner lebte nach seiner Ächtung durch die Nationalsozialisten teilweise in Berlin und in Dresden. Kurz vor der Zerstörung Dresdens entstand diese Zeichnung Erich Kästners von seiner Vaterstadt. Sieben Monate später lag diese Stadt in Trümmern. Erich Kästner verbarg sich vor den Nachstellungen der Nazis im Zillertal.

Erich Kästner gezeichnet von seinem Freund Erich Ohser. Ohser veröffentlichte boshafte Zeichnungen gegen die neuen Machthaber und wurde deshalb mit Berufsverbot belegt. Er durfte nur unter dem Namen E. O. Plauen weiterarbeiten und zeichnete die berühmte Bildgeschichte «Vater und Sohn». Ohser starb 1944 im Gefängnis.

ren eigentlich ganz nette Leute.» – Damit war der Fall für uns erledigt.›

Ein paar Tage später fand Tante Lina das Geld zufällig in einer Schublade. Aber es brauchte einiges, bis die Mutter ihrem Bruder und ihrer Schwägerin verzieh, daß man ‹ihren› Erich eines Diebstahls verdächtigt hatte. Die Tante erschien, um sich zu entschuldigen.

«Es ist schon gut, Lina», sagte die Mutter zu ihr. «Ich habe dich gern, das weißt du ja. Doch wer meinem Jungen zutraut, er sei ein Dieb, den kenne ich nicht mehr.» – Damit schlug sie der Tante die Tür vor der Nase zu.›

Erst als der Onkel persönlich erschien, beschlossen Mutter und Sohn die Geschichte zu vergessen.
Nach den ersten vier Schuljahren verabschiedete sich die Hälfte von Erichs Mitschülern. Sie tauchten nach den Osterferien, stolz und mit bunten Mützen, als Gymnasiasten, wieder auf. Erich gehörte nicht zu ihnen. Er kam zu einem Lehrer in die Schule, ‹der für seine Zornausbrüche berühmt war, Herr Lehmann.

‹Er gab uns Ohrfeigen, daß die Backen schwollen. Er nahm den Rohrstock, ließ uns die Hand ausstrecken und hieb fünfmal oder zehnmal über die geöffnete Handfläche, bis sie brandrot anlief, wie Hefeteig schwoll und niederträchtig schmerzte... Wer an der Wandtafel nicht weiter wußte, dem schlug er auf die Waden und Kniekehlen, und wer sich umdrehte, war noch übler dran. Manchmal spaltete sich der Rohrstock der Länge nach. Manchmal zersprang er in die Quere. Die Stücke pfiffen durch die Luft und um unsere Köpfe. Dann setzte es bis zur Pause Backpfeifen. Lehmanns Hände gingen nicht in Stücke! Und zu Beginn der nächsten Stunde brachte er den nächsten Rohrstock mit. Dieser Herr Lehmann war ein tüchtiger Mann, ein fleißiger Lehrer,

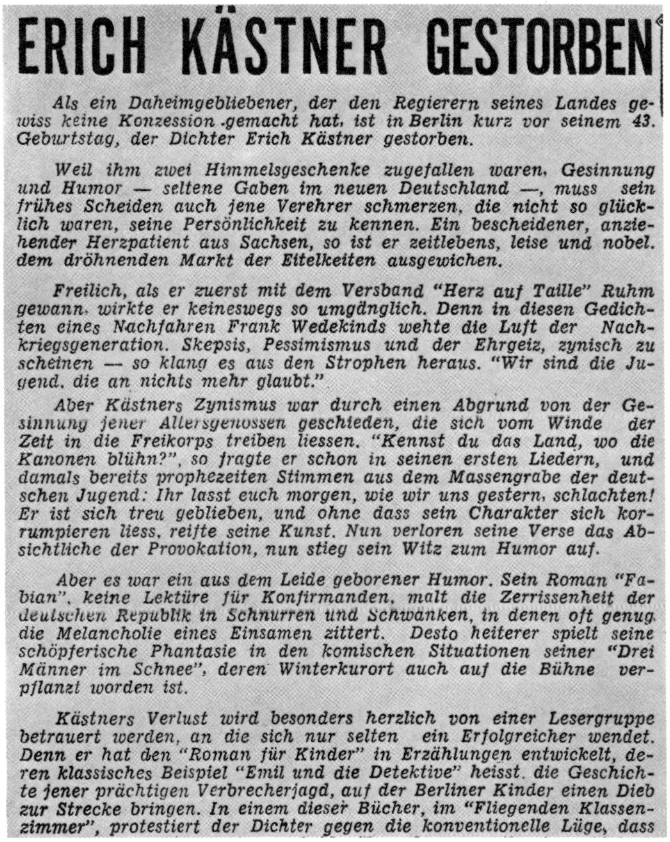

ERICH KÄSTNER GESTORBEN

Als ein Daheimgebliebener, der den Regierern seines Landes gewiss keine Konzession gemacht hat, ist in Berlin kurz vor seinem 43. Geburtstag, der Dichter Erich Kästner gestorben.

Weil ihm zwei Himmelsgeschenke zugefallen waren, Gesinnung und Humor — seltene Gaben im neuen Deutschland —, muss sein frühes Scheiden auch jene Verehrer schmerzen, die nicht so glücklich waren, seine Persönlichkeit zu kennen. Ein bescheidener, anziehender Herzpatient aus Sachsen, so ist er zeitlebens, leise und nobel, dem dröhnenden Markt der Eitelkeiten ausgewichen.

Freilich, als er zuerst mit dem Versband "Herz auf Taille" Ruhm gewann, wirkte er keineswegs so umgänglich. Denn in diesen Gedichten eines Nachfahren Frank Wedekinds wehte die Luft der Nachkriegsgeneration. Skepsis, Pessimismus und der Ehrgeiz, zynisch zu scheinen — so klang es aus den Strophen heraus. "Wir sind die Jugend, die an nichts mehr glaubt."

Aber Kästners Zynismus war durch einen Abgrund von der Gesinnung jener Altersgenossen geschieden, die sich vom Winde der Zeit in die Freikorps treiben liessen. "Kennst du das Land, wo die Kanonen blühn?", so fragte er schon in seinen ersten Liedern, und damals bereits prophezeiten Stimmen aus dem Massengrabe der deutschen Jugend: Ihr lasst euch morgen, wie wir uns gestern, schlachten! Er ist sich treu geblieben, und ohne dass sein Charakter sich korrumpieren liess, reifte seine Kunst. Nun verloren seine Verse das Absichtliche der Provokation, nun stieg sein Witz zum Humor auf.

Aber es war ein aus dem Leide geborener Humor. Sein Roman "Fabian", keine Lektüre für Konfirmanden, malt die Zerrissenheit der deutschen Republik in Schnurren und Schwänken, in denen oft genug die Melancholie eines Einsamen zittert. Desto heiterer spielt seine schöpferische Phantasie in den komischen Situationen seiner "Drei Männer im Schnee", deren Winterkurort auch auf die Bühne verpflanzt worden ist.

Kästners Verlust wird besonders herzlich von einer Lesergruppe betrauert werden, an die sich nur selten ein Erfolgreicher wendet. Denn er hat den "Roman für Kinder" in Erzählungen entwickelt, deren klassisches Beispiel "Emil und die Detektive" heisst, die Geschichte jener prächtigen Verbrecherjagd, auf der Berliner Kinder einen Dieb zur Strecke bringen. In einem dieser Bücher, im "Fliegenden Klassenzimmer", protestiert der Dichter gegen die konventionelle Lüge, dass

Die Nazizeit zerstörte Freundschaften. Man kam sich aus den Augen. Viele waren an der Front oder lebten in der Emigration im Ausland. So ist es nicht verwunderlich, daß Erich Kästner einen «Nachruf zu Lebzeiten» erhielt, während er in Berlin das Drehbuch für den Film «Münchausen» schrieb.

ein gescheiter Mann, der aus uns tüchtige, fleißige und gescheite Schüler machen wollte. Sein Ziel war vortrefflich. Der Weg dahin war abscheulich. Der tüchtige, fleißige und gescheite Mann war kein guter, sondern überhaupt kein Lehrer. Denn ihm fehlte die wichtigste Tugend des Erziehers, die Geduld.›

Damals wurde Wandern große Mode. Erich zuliebe wurde es auch Frau Kästners ‹Freizeitbeschäftigung›. Sie kaufte zwei grüne Regenpelerinen und der Vater schnitt und nähte in der Kellerwerkstatt zwei unzerreißbare grüne Rucksäcke dazu. Die beiden Wandervögel waren oft tagelang unterwegs, übernachteten in einfachen Gasthäusern oder Heuschobern. Der Vater blieb zu Hause. Bevor die beiden Wandervögel zurückkehrten, brachte er die Wohnung in Ordnung.

‹Auf jedes Stäubchen machte er Jagd. Er rumorte bis tief in die Nacht. Tagsüber war er ja in der Kofferfabrik und hatte für Zimmerkosmetik keine Zeit. Grützners und Stefans, die nebenan wohnten, konnten nicht einschlafen und sagten: «Aha, die beiden Wanderburschen kommen morgen zurück!»

Ebenfalls ihrem Sohn zuliebe, wollte Frau Kästner auch das Schwimmen und Velofahren erlernen. Mit dem Schwimmen klappte es nicht, aber mit dem Radfahren kam sie einigermaßen zu Gange. Nur mit der Rücktrittbremse hatte sie Schwierigkeiten.

Erich Kästners Vaterstadt Dresden war im Kriege total zerstört worden. Aber seine Eltern hatten sich gerettet. 1946 fuhr Kästner zum ersten Mal wieder nach Dresden. Er besuchte seine Eltern, ging durch die zerbombten Straßen und suchte Erinnerungen. Aber die Erinnerungen an seine Jugendzeit waren ausgelöscht.

Nach Kriegsende ließ sich Kästner in München nieder, wo er ein Kabarett gründete, und das Feuilleton der «Neuen Zeitung» leitete. Er wirkte auch an der Gründung der «Internationalen Jugendbibliothek» mit, die Jella Lepman 1949 ins Leben gerufen hatte. Im Vordergrund Carl Zuckmayer (links) und Erich Kästner (rechts).

‹Was Zufall, Pech und Anfängerei gewesen zu sein schien, entpuppte sich mit der Zeit als Gesetz. Meine Mutter vergaß die Rücktrittbremse jedesmal und immer wieder! Kaum senkte sich ein Weg, so raste sie auch schon davon, etwa wie ein Rennfahrer in der Tour de France, wenn sie von den Pyrenäen herunterkommen. Dora und ich jagten hinterdrein, und wenn wir sie am Ende des Berges endlich eingeholt hatten, stand sie neben ihrem Rad, war blaß und sagte: «Wieder vergessen!» – Es war lebensgefährlich.›

Mit vierzehn Jahren trat Erich ins Lehrerseminar ein. Im Sommer darauf machte er zum erstenmal – zusammen mit seiner Mutter und der Cousine Dora – eine größere Reise. Tante Lina bezahlte. Die Reise ging an die Ostsee. Statt des Wanderrucksacks trug Erich zwei Koffer. Zum erstenmal sah er eine Ecke der Reichshauptstadt Berlin.

Aber mitten in die Ferien kam die Nachricht vom Ausbruch des Ersten Weltkrieges. Am 1. August 1914 befahl der Deutsche Kaiser die Mobilmachung. Die Seebäder leerten sich. Und die Menschen flohen, als hätte ein Erdbeben stattgefunden.

‹Der Zug war überfüllt. Alle Züge waren überfüllt. Berlin glich einem Hexenkessel. Die ersten Reservisten marschierten, mit Blumen und Pappkartons, in die Kasernen. Sie winkten, und sie sangen: «Siegreich woll'n wir Frankreich schlagen, sterben als ein tapfrer Held!» Extrablätter

wurden ausgerufen. Der Mobilmachungsbefehl und die neuesten Meldungen klebten an jeder Hausecke, und jeder sprach mit jedem. Der Ameisenhaufen war in wilder Aufruhr, und die Polizei regelte ihn.
Am Anhalter Bahnhof standen Sonderzüge unter Dampf. Wir schoben meine Mutter und die Koffer durch ein Abteilfenster und kletterten hinterdrein. Unterwegs begegneten uns Transportzüge mit Truppen, die nach Westen gebracht wurden. Sie schwenkten Transparente und sangen: «Fest steht und treu die Wacht, die Wacht am Rhein!» Die Ferienflüchtlinge winkten den Soldaten zu. Und Dora sagte: «Jetzt wird mein Vater noch viel mehr Pferde verkaufen.» – Als wir ver-

Erich Kästner und Filmregisseur Josef von Baky suchen das «Doppelte Lottchen». Schon 1942 hatte Kästner den Plan zum «Doppelten Lottchen» gefaßt; aber erst 1949 konnte der Film gedreht werden. Kästner und sein Regisseur suchten unter unzähligen Zwillingspaaren nach geeigneten jungen Schauspielerinnen.

Das «Doppelte Lottchen» gefunden. Erich Kästner und der Regisseur von Baky mit den Zwillingen Isa und Jutta Günther. Erich Kästner übernahm in diesem erfolgreichen Film selbst eine Rolle. Der Film wurde 1950 in Berlin uraufgeführt.

Mit keinem Buch seit «Emil und die Detektive» hatte Erich Kästner einen solchen Erfolg, wie mit dem «Doppelten Lottchen». Es wurde in viele Fremdsprachen übersetzt. Auch wurde nach der deutschen Vorlage ein japanischer Film gedreht. Auf dem Bild das japanische «Doppelte Lottchen».

schwitzt und todmüde in Dresden eintrafen, kamen wir gerade zurecht, um uns von Paul Schurig zu verabschieden. Auch er mußte in die Kaserne.
Der Weltkrieg hatte begonnen, und meine Kindheit war zu Ende.›

Drei Jahre nach Ausbruch des Krieges wurde auch der Seminarist Erich Kästner eingezogen. Er kam in eine Einjährig-Freiwilligen-Kompanie der schweren Artillerie. Studenten wurden im Schnellverfahren ausgebildet und wurden dann als Offiziersanwärter ins Feuer geschickt. Einige ältere Klassenkameraden waren schon gefallen. Der Einberufungsbefehl ersparte Erich die Antwort auf eine Frage, die ihn seit längerer Zeit quälte: Wollte er überhaupt Lehrer werden?

‹Ich war kein Lehrer, sondern ein Lerner. Ich wollte nicht lehren, sondern lernen. Ich hatte Lehrer werden wollen, um möglichst lange ein Schüler bleiben zu können. Ich wollte Neues, immer wieder Neues aufnehmen und um keinen Preis Altes, immer wieder Altes weitergeben. Ich war hungrig, ich war kein Bäcker. Ich war wissendurstig, ich war kein Schankwirt. Ich war ungeduldig und unruhig, ich war kein künftiger Erzieher. Denn Lehrer und Erzieher müssen ruhig und geduldig sein. Sie dürfen nicht an sich denken, sondern an die Kinder. Und sie dürfen Geduld nicht mit Bequemlichkeit verwechseln. Lehrer aus Bequemlichkeit gibt es genug. Echte berufene, geborene Lehrer sind fast so selten wie Helden und Heilige.›

Aber wie sollte Erich nun vor seine Mutter hintreten und sagen: «Ich kann nicht Lehrer werden.» – Sie war bald fünfzig Jahre alt. Um ihn Lehrer werden zu lassen, hatte sie geschuftet und gespart. –

1918 war der Krieg zu Ende. Erich saß in der Abschlußklasse und hatte nur einen Gedanken: Wie komme ich hier heraus?

‹Nun fehlte nur noch ein Examen, das ich in ein paar Wochen spielend und mit Glanz bestanden haben würde... Und da sagte ich: «Ich kann nicht Lehrer werden!»
Es war in unserem großen Zimmer. Also in einer der zwei Stuben, die der Lehrer Schurig bewohnte. Paul Schurig saß schweigend auf dem grünen Sofa. Mein

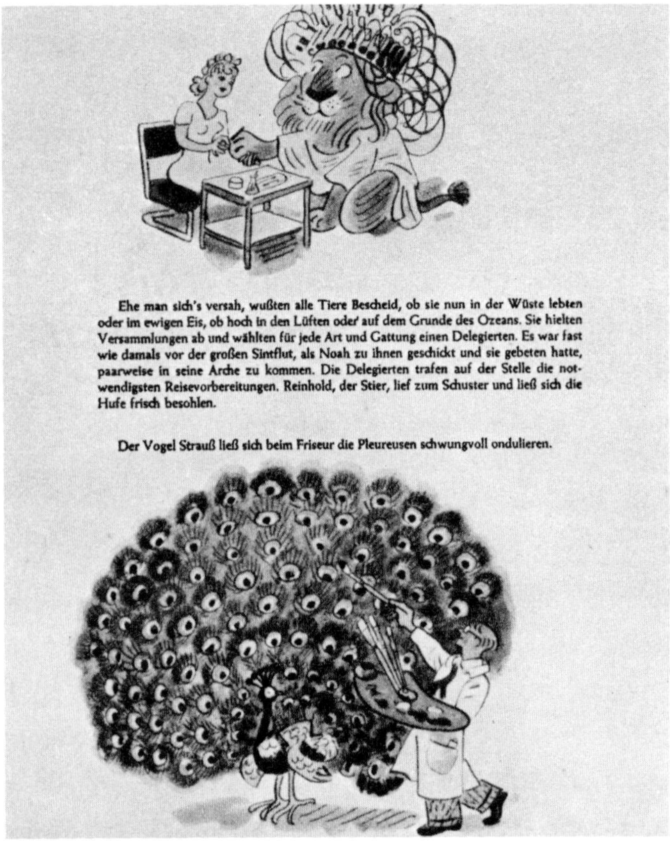

Illustrationen von Walter Trier zum Jugendbuch «Die Konferenz der Tiere». 1947 schrieb Erich Kästner auf Anregung Jella Lepmans, der Gründerin der Internationalen Jugenbibliothek in München ein Tiermärchen. Darin erzählt er, wie es den Tieren nach vielen Mühen gelingt, die Menschen zu einem dauerhaften Frieden zu zwingen.

Wie früher in Berlin, fühlte sich Erich Kästner nach dem Kriege in München heimisch. Er gründete Kabaretts, arbeitete an Zeitungen mit, schrieb Bücher, Artikel und Drehbücher zu Filmen. Er arbeitete meistens in einem «Büro», das kein Büro war, sondern ein Café. Die Zeichnung eines Karikaturisten des «Simplicissimus» zeigt ihn bei der Arbeit an einem Caféhaus-Tisch.

Vater lehnte schweigend am Kachelofen. Meine Mutter stand unter der Lampe mit dem grünen Seidenschirm und den Perlfransen und sagte: «Was möchtest du denn tun?» – «Auf einem Gymnasium das Abitur machen und dann studieren», sagte ich. – Meine Mutter dachte einen Augenblick nach. Dann lächelte sie, nickte und sagte: «Gut, mein Junge! Studiere!»

Erich Kästner studierte Germanistik und Theatergeschichte. Im Jahr 1925 doktorierte er.
‹Doktor Erich Kästner!› Wie stolz mußte die Mutter auf ihren Jungen gewesen sein!
Während seines Studiums erschienen in einer Sammlung ‹Gedichte Leipziger Studenten› zum erstenmal drei Gedichte von Erich Kästner. Eines davon heißt ‹Heimkehr›.

‹Ich habe im Abend der Städte gestanden
Wie einer, der seine Mutter sucht,
An kahlen Tischen bleich übertucht,
Saß ich mit Menschen, die mich nicht kannten.

Ich bin durch unendliche Straßen gegangen
Und habe den Kindern zugenickt.
Fröstelnde Bäume standen gebückt.
Fenster waren geizig verhangen.

Jetzt aber lieg ich im Lied deiner Hände,
Aus tausend stummen Stunden erlöst –
Und wenn es mich wieder ins Dunkle stößt:

Ein Ausschnitt aus einem Brief von Erich Kästner über das Befinden seiner Katze. Nichts liebte Erich Kästner so sehr wie Katzen. Auf dem Bild, die Katze Lollo, die gerade vier Junge bekommen hatte. Eine andere Lieblingskatze war der Perserkater, den Kästner «Butschi» nannte.

Ich weiß ja, daß ich dich wartend fände.›

Das ist ein ernstes und melancholisches Gedicht. Aber bald zeigte sich in Erich Kästners Arbeiten eine besondere Begabung: Humor. Er beobachtete die Schwächen seiner Mitmenschen und auch die eigenen sehr genau. Er kritisierte sie, liebevoll und mit leiser Ironie.

Entwicklung der Menschheit

Einst haben die Kerls auf den Bäumen gehockt,
behaart und mit böser Visage.
Dann hat man sie aus dem Urwald gelockt
und die Welt asphaltiert und aufgestockt,
bis zur 30. Etage.

Da saßen sie nun den Flöhen entflohn
in zentralgeheizten Räumen.
Da sitzen sie nun am Telefon.
Und es herrscht noch genau derselbe Ton
wie seinerzeit auf den Bäumen.

Sie hören weit. Sie sehen fern.
Sie sind mit dem Weltall in Fühlung.
Sie putzen die Zähne. Sie atmen modern.
Die Erde ist ein gebildeter Stern
mit sehr viel Wasserspülung.

Sie schießen die Briefschaften durch ein Rohr.
Sie jagen und züchten Mikroben.
Sie versehn die Natur mit allem Komfort.
Sie fliegen steil in den Himmel empor
und bleiben zwei Wochen oben.

Was ihre Verdauung übrig läßt,
das verarbeiten sie zu Watte.
Sie spalten Atome. Sie heilen Inzest.
Und sie stellen durch Stiluntersuchungen fest,
daß Cäsar Plattfüße hatte.

So haben sie mit dem Kopf und dem Mund
den Fortschritt der Menschheit geschaffen.
Doch davon mal abgesehen, sind sie im Grund
noch immer die alten Affen.

Erich Kästner wurde einer der meistgelesenen Schriftsteller Deutschlands. Unter den vielen Büchern, die seinen Namen tragen, sind wohl ein Dutzend für Kinder.

Erich Kästner starb am 29. Juli 1974 in München. Seine Bücher, vor allem seine Kinderbücher, leben weiter.

Erich Kästner ist am 29. Juli 1974 gestorben. In seinen letzten Jahren hatte er sich mit allerlei Krankheiten geplagt. Er zog sich immer wieder in den Tessin zurück um sich zu erholen. Die Anzeichen einer schweren Erkrankung wollte er nicht wahrhaben. So lebte er, wie er immer gelebt hatte, beobachtend und mit der Feder in der Hand. Kästner wurde auf dem kleinen Friedhof in Bogenhausen bei München beigesetzt.

Bildquellen

Seiten 10, 11b, 13, 15a, 17a, 21, 31a, 31b, 31d, 34, Umschlagbild H.C. Andersen *aus:* Monica Stirling, Der wilde Schwan, München 1965

Seiten 11a, 12, 15b, 16, 17b, 19, 20a, 20c, 20d, 22, 23, 24a, 24b, 24c, 24e, 26, 27, 28, 29, 30a, 30b, 33, 35 *aus:* Heinz Rusch, Hans Christian Andersen, Leipzig 1957

Seite 25 *aus:* Max Bolliger, Wie aus einem Schusterjungen ein Dichter wurde, Zürich 1975

Seite 32a *aus:* Erling Nielsen, Hans Christian Andersen, Hamburg 1958

Seiten 37, 40, 41, 43b, 45, 47, 48, 49c, 50, 51, 53b, 54, 55, 56, 57, 58a, 58b, 59, 63, 66, 69, 71a, 75, 80, 82a, 86, Umschlagbilder F. Mendelssohn-Bartholdy und Friedrich II *von:* Bildarchiv Preussischer Kulturbesitz, Berlin

Seiten 39a, 39b, 42d, 43a, 44, 49a, 49b, 52a, 52b, 53a, *aus:* Hans Christoph Worbs, Felix Mendelssohn-Bartholdy, Hamburg 1974

Seiten 42a, 42b, 42c *aus:* Herbert Kupferberg, Die Mendelssohns, Tübingen 1972

Seite 46 *von:* Kurpfälzisches Museum der Stadt Heidelberg

Seiten 88, 89a, 89b, 90, 93, 98b, 98c, 101b, 103, 111a, 111b, 112, 113, 120a, 121, 122, 123a, 124a, 124b, 125a, 125b, 125c, 126,

127b, 128, 130a, 130b, 131 *von:* Gabrielle Ulrich-Karcher, Zürich

Seiten 61, 68, 70, 72, 73, 74 *von:* Ullstein Bilderdienst, Berlin

Seiten 72b, 82b, 83b, 85a *aus:* Georg Homsten, Friedrich II, Hamburg 1969

Seiten 76a, 76b, 77, 78, 83a, 85b *von:* Archiv für Kunst und Geschichte, Berlin

Seiten 62, 64, 65, 67, 71b, 81, 92a, 92b, 95a, 96, 98d, 101a, 105a, 105b, Umschlagbild J. Spyri *von:* Zentralbibliothek Zürich, Graphische Sammlung

Seiten 91, 98e, 99a, 99b, 102, 108 *von:* Anny Schiess-Heusser, Zürich

Seite 95b *von:* Johanna Spyri-Stiftung, Zürich

Seiten 98a, 100 *von:* Baugeschichtliches Archiv der Stadt Zürich

Seite 104 *von:* Walther Staub, Zürich

Seiten 106, 109a *aus:* Johanna Spyri, Heidi's Lehr- und Wanderjahre. Mit Bildern von Paul Hey

Seite 107a *von:* Börsenverein des Deutschen Buchhandels, Frankfurt

Seiten 114, 116a, 116b, 117, 118, 120b, 123b, 127a, 129a, 129b, Umschlagbild A. Schweitzer *von:* Marie Woytt-Secretan, Strasbourg

Seite 109b *aus:* Johanna Spyri, Heidi's Lehr- und Wanderjahre. Mit Bildern von Rudolf Münger, Zürich

Seiten 135, 136a, 136b, 137, 138a, 138b, 139, 141, 142, 143, 144, 145, 146a, 146b, 147, 148, 149, 151, 152, 153, 154, 155, 156a, 156b, 157, 158a, 158b, 158c, 159, 161, Umschlagbild E. Kästner *aus:* Luiselotte Enderle, Kästner, München 1960